Stefan Hermanns

Coaching und Kunst

Ein Konzept für die Anwendung
kreativer Methoden in der Beratung

Stefan Hermanns

COACHING UND KUNST

Ein Konzept für die Anwendung
kreativer Methoden in der Beratung

ibidem-Verlag
Stuttgart

Die Deutsche Bibliothek - CIP-Einheitsaufnahme:

Ein Titeldatensatz für diese Publikation ist bei
Der Deutschen Bibliothek erhältlich

∞

Gedruckt auf alterungsbeständigem, säurefreien Papier
Printed on acid-free paper

ISBN: 3-89821-159-2

© *ibidem*-Verlag
Stuttgart 2001
Alle Rechte vorbehalten

Printed in Germany

Inhaltsverzeichnis

Abbildungsverzeichnis

Vorwort

Die vorliegende Arbeit eröffnet einen Zugang zu einem bisher wissenschaftlich fast unerschlossenen Gebiet. Kreativität ist als Modethema der 90er ausgiebig diskutiert worden, über Beratung und Coaching werden fast jeden Monat neue Publikationen veröffentlicht und auch die Kunsttherapie wartet mit umfangreichen Theoriewerken (z.b. von HILARION PETZOLD) darauf monate-, ja jahrelang, in aller Tiefe ergründet zu werden. Doch zum Thema *Kunst-Beratung* (abgeleitet von Kunst-Therapie), *Coaching und Kunst*, geschweige denn zum Thema *kreative Methoden in der Beratung* ist nichts zu finden. Hier und da ein Hinweis auf eine Veröffentlichung in einem Sammelband, einer Zeitschrift oder der überraschende Fund eines Werkes aus vergangenen Zeiten. Eine einzige Veröffentlichung im deutschen Sprachraum trägt den Titel *Kreativitätsfördernde Methoden in der Beratungsarbeit[1]*. REGINA WESTPHAL ist die Autorin des Buches, das in der Schriftenreihe *Beiträge zur Kunsttherapie* im Jahre 1984 veröffentlicht wurde und nicht auf übermäßige Resonanz gestoßen ist. Die Autorin beschreibt dort ihren Versuch, verhaltensauffällige Kinder durch künstlerische Prozesse zu beraten bzw. zur Selbstexploration anzuregen. Für eine wissenschaftliche Auseinandersetzung mit *kreativen Methoden* in der *psychologischen Beratung*, wie sie hier vorgenommen wird, ist ihr Erfahrungsbericht allerdings wenig hilfreich. Weitere Fundstücke sind das Buch *Denkzeichnen – Denken sichtbar machen*, von RUDDIES und WILLI[2]. Das im Jahre 1985 erschienene Heft beschreibt den Versuch der Autoren, ein Schema zu erstellen, um mentale Prozesse visualisieren zu können. Fragen wie: *Kann ein Coach den Verlauf einer Sitzung zeichnerisch festhalten und so zu einem ganzheitlichen Bild der Klientensituation gelangen?* ergaben sich. Eine spannende Spur, die in der Arbeit von REINHARD KUCHENMÜLLER eine praktische Umsetzung erfährt. Der Münchner Architekt zeichnet *Visuelle Protokolle* von Seminaren, Besprechungen und Diskussionen, die eine Ergänzung zu rein schriftlichen Protokollen darstellen. Ebenso bildet die Arbeit des Bielefelder Künstlers MARKUS WORTMANN eine spannende Schnittstelle. Er bezeichnet sich als *Prozess-Maler* und gibt Teilnehmern in Se-

---

[1] WESTPHAL, REGINA: *Kreativitätsfördernde Methoden in der Beratungsarbeit*; in: *Beiträge zur Kunsttherapie* Band 1, Claus-Richter-Verlag, Köln 1984
[2] RUDDIES, GÜNTHER H./WILLI, EUGEN: *Denkzeichnen – Denken sichtbar machen*; Lexika-Verlag, München 1985

minaren und Großveranstaltungen ein emotionales, künstlerisches Feedback über die stattgefundenen Prozesse. Ebenso bringt er in Seminaren Beratern künstlerisches Visualisieren bei, um ihr Moderations-Handwerkszeug zu erweitern. Doch wie lässt sich ein Bogen zum Beratungsprozess schlagen? *Welches Wissen ist nötig, um mit kreativen Methoden im Coaching-Prozess zu arbeiten?* Ein Aufsatz von LINE KOSSOLAPOW, Professorin am erziehungswissenschaftlichen Institut der Universität Münster, war für mich Anlass, den Blick auf die Anforderungen an den Berater zu vertiefen. In *Kunst und Kreativität als Ausbildungsanteile für künftige Sozialarbeiter/innen*[3] beschreibt sie ihre Überlegungen, welchen Stellenwert Kunst und Kreativität in einer modernen Ausbildung zum Sozialarbeiter haben könnten. Hier wird auf die Möglichkeit hingewiesen, durch Kunst und Kreativität Lernprozesse mit Handlungsfolgen zu initiieren. Über Kunst in einen kreativen Prozess kommen und dann...? *Welche positiven Auswirkungen haben Kunst und Kreativität auf den Menschen? Welche Nachhaltigkeit ergibt sich?* Bei all der Dürftigkeit des zur Verfügung stehenden Materials zum Thema *Coaching und Kunst* und bei all der Fülle von Literatur zu Themen wie *Coaching, Kreativität und Kunsttherapie*, habe ich mich für die Erarbeitung eines eigenständigen Konzeptes entschlossen. In dieser Veröffentlichung fließen Ideen verschiedener bestehender Konzepte zusammen und werden in einem neuen Kontext interpretiert. Diese Arbeit stellt den Auftakt einer wissenschaftlichen Untersuchung über die Anwendbarkeit von kreativ-künstlerischen Methoden in der Beratung dar.

Stefan Hermanns, Hildesheim im November 2001

---

[3] KOSSOLAPOW, LINE: *Kunst und Kreativität als Ausbildungsanteile für künftige Sozialarbeiter/innen*; in Theorie und Praxis der sozialen Arbeit, Frankfurt/M 1992, S. 221 ff.

1. Ziel und Problemstellung

Coaching ist Anfang des 21. Jahrhunderts so populär wie nie zuvor. Wer das Stichwort *Coaching* in eine Internet-Suchmaschine wie *Google* eingibt, wird mit einer Flut von 1.260.000 Einträgen überschwemmt[4]. Ständig erscheinen Artikel in Tages-, Wochen- und Fachzeitschriften, in denen sich Autoren über das Thema Coaching auslassen.

Das stetige Wachstum der Wirtschaftsbranche führt dazu, dass Manager, respektive Führungskräfte, sich coachen lassen *müssen*, um die Anforderungen ihres immer komplexer werdenden Alltags bewältigen zu können. Wie das Bundesamt für Statistik im Frühjahr 2001 mitteilte, verdoppelt sich das weltweit verfügbare Wissen inzwischen alle 5 Jahre. Wer in der Führungsriege der Konzerne mitspielen will, muss ein hohes Maß an Anpassungs- und Lernfähigkeit haben. Wie eine Studie der BÖNING Unternehmensberatung Ende 2000 feststellt, haben sich ca. 80% der deutschen Führungskräfte innerhalb der letzten 10 Jahre coachen lassen. Aber auch bei *Nicht-Führungskräften* ist ein gestiegener Bedarf an Beratung und somit auch an Coaching festzustellen. Die immer rapider vor sich gehende Entwicklung betrifft nicht nur die Wirtschaft, auch ein gesellschaftlicher Wandel findet statt. *Individualisierung* und *Selbstverwirklichung* sind Schlagwörter einer Entwicklung, die im angehenden 21. Jahrhundert gerade erst begonnen hat. Persönliche und professionelle Beratung gewinnt in einer stetig komplexer werdenden Gesellschaft zunehmend an Bedeutung.
Doch was ist eigentlich Coaching? RAUEN weist darauf hin, dass Coaching seit dem Ende der 90er *inflationär* als eine Art *Containerbegriff* benutzt wird: „Jede Form von Training, Seminar, Unterricht etc. wird als Coaching bezeichnet und von selbsternannten Coaches praktiziert."[5] Ein Ziel dieser Arbeit ist es, *eine* Definition von Coaching zu geben, die von internationalen Verbänden, wie der ECA (European Coaching Assossiation) unterstützt wird.

---

[4] Stand Oktober 2000
[5] RAUEN, CHRISTOPHER: *Coaching*; Verlag für Angewandte Psychologie, Göttingen 1999, S. 16

Im Titel dieser Veröffentlichung ist die Rede von einem **Konzept** für die *Anwendung* kreativer Methoden in der Beratung.

Zum Thema Beratungskonzeption fordert MUTZECK, dass eine Beratungstheorie unter anderem Aspekte wie *Realitätskonzeption, Beziehungskonzeption, Methodenkonzeption* und *Bedingungskonzeption* berücksichtigen sollte.[6]

Ich versuche hier der Forderung von MUTZECK nachzukommen: *Es soll hier kein reiner Methodenbaukasten vorgestellt werden, sondern ein Konzept, welches von einer Basis- in eine Anwendungstheorie und schließlich in eine Praxeologie mündet.*

„Es gibt viele programmatische und wenige systematisch und fachlich aufgebaute Bücher über Coaching"[7], stellen GREIF und KURTZ fest. Aus diesem Grunde kommt der Konzeption einer Coaching- bzw. Beratungstheorie in dieser Arbeit eine besondere Bedeutung zu.

Was Coaching ist und welche Grund-Annahmen einem Coaching zugrunde liegen, soll in dieser Arbeit insofern diskutiert werden, dass trotz der Unterschiede der verschiedenen Coaching-Ansätze im Laufe der Zeit eine Art *Konsens* gefunden werden muss. Darauf weisen RAUEN und MUTZECK gleichermaßen hin. Aus diesem Grund ziehe ich zur Untersuchung zwei Standardwerke zum Thema Coaching und Beratung hinzu.

CHRISTOPHER RAUEN fasst in seinem Buch *Coaching* zehn aktuelle Coaching-Ansätze zusammen und führt einen Vergleich durch.

WOLFGANG MUTZECK erläutert in seinem Buch *Kooperative Beratung* die Konzeption des Beratungsansatzes der kooperativen Beratung.

Im zweiten Kapitel dieser Veröffentlichung werde ich diese Werke genauer auf die Frage untersuchen: *Was ist Coaching und welche Aspekte gehören zur Konzeption eines Beratungsansatzes?*

„Was fehlt, sind Kreativität und Innovation"[8], wirft MAHLER der Beratungsbranche vor. Seiner Meinung nach werden kreative Methoden zwar oft in Beratungs-

---

[6] MUTZECK, WOLFGANG: *Kooperative Beratung*; Beltz Taschenbuch Verlag, Weinheim 1999, S. 31
[7] GREIF, SIEGFRIED und KURTZ, HANS-JÜRGEN in RAUEN, CHRISTOPHER: *Coaching*; Verlag für Angewandte Psychologie, Göttingen 1999, S. 13
[8] MAHLER, ARMIN in: *Der Spiegel*, Heft 39, 1993, S. 118

situationen angewandt, doch warnt er vor einer Art *Methodengläubigkeit* und vor einem blinden Vertrauen in die Wirksamkeit von Techniken.

Doch warum sollte ein Coach überhaupt kreative Methoden kennen und auf der Basis eines theoretisch-fundierten Wissens anwenden können?

„Es gilt als erwiesen, dass das vorhandene kreative Potential eines Menschen keineswegs konstant ist, sondern durch geeignetes Training angehoben werden kann."[9] Auf diese Erkenntnis baut die Anwendung kreativer Methoden in der Beratung. Kreativität kann gefördert werden! Ein Coach der kreative Methoden systematisch und fundiert im Coaching-Prozess einsetzt, kann seinem Klienten helfen *kreatives Potential* zu vervielfachen. Im Laufe dieser Arbeit werde ich Argumente liefern, die weiterhin für den Einsatz kreativer Methoden in der Beratung sprechen.

Ende 2000 sind in Deutschland bereits über 200 Publikationen zum Thema Kreativität erschienen – Tendenz steigend. Es stellt sich die Frage, welchen kreativen (originellen) Schwerpunkt diese Arbeit bietet.

„Jeder Mensch ist ein Künstler"[10]

Wer über Kreativität nachdenkt, wird spontan eine Verknüpfung mit *künstlerischem Tun* herstellen können. Dennoch beziehen sich die meisten der üblichen Kreativitätstechniken auf Methoden, mit denen versucht wird auf einer *sprachlichen* Ebene ein Ergebnis zu erzielen oder ein Problem zu lösen. Warum sollte sich Kreativität lediglich auf dem Papier abspielen und warum sollten sich kreative Methoden lediglich um die Umstrukturierung von Wörtern und Begriffen drehen?

Eine der Grundannahmen dieses Konzeptes ist, dass der Mensch, als Einheit von Seele, Geist und Körper, zu ganzheitlichen, d.h. multisensorischen Formulierungen fähig ist[11]. Die Sprache kann Wahrnehmung zwar in Worten und Lauten formulieren, doch sie ist nicht das einzige Ausdrucksmittel, das dem Menschen gegeben ist.

---

[9] SCHLICKUPP, HELMUT.: *Innovation, Kreativität & Ideenfindung.*; Vogel-Verlag, Würzburg 1998, S. 37

[10] BEUYS, JOSEF, Vortrag im *Humboldt-Haus* Achberg am 23.März 1978

[11] In Kapitel 3.2. werde ich darauf näher eingehen.

„Denn der Gedanke ist ein Vogel, der Raum braucht und in einem Käfig von Worten zwar seine Flügel ausbreiten, aber nicht fliegen kann."[12]

Sinnliche Eindrücke können über künstlerische Tätigkeit Ausdruck finden. *Sinnlicher Ausdruck* kann eine unmittelbare Äußerung der Intuition sein.
Kreative Methoden, die sinnliche Formulierungen ermöglichen, haben mit künstlerisch/gestalterischer Tätigkeit zu tun!
Mit diesem Konzept versuche ich, ein Theoriegerüst für die Anwendung von Methoden zu entwerfen, die

a) direkt zu gestalterischer Tätigkeit führen, oder
b) über die Rezeption von Kunst einen kreativen Prozess anregen und ggf. auch zu gestalterischer Tätigkeit führen.

Im dritten Kapitel dieser Veröffentlichung werde ich der These auf den Grund gehen, dass ein unmittelbarer Zusammenhang zwischen Kunst und Kreativität besteht. Ein kreativer Mensch muss nicht unbedingt ein Künstler sein. Kreativität sucht jedoch nach Ausdruck, der sich zum Beispiel in der Kunst und durch Kunst finden lässt. Ziel der Anwendung von Kunst im Coaching-Prozess ist jedoch nicht primär *Kunst zu produzieren*, sondern *das Selbst* klarer zu erkennen.

Im vierten Kapitel wird daraufhin folgender Frage nachgegangen:
Gibt es kreative Methoden, die mit Kunst oder künstlerischem Schaffen zusammenhängen und die für einen Einsatz im Coaching in sofern geeignet sind, dass sie die Selbsterkenntnis des Klienten fördern?
Es werden drei bestehende Konzepte untersucht, Methoden vorgestellt und Vorschläge für die Anwendung der Methoden im Coaching-Prozess gemacht. Im Anhang befindet sich eine Auflistung von Kunstwerken, die den vorgestellten Methoden zugeordnet sind und eine Sammlung von kreativen Aufgabenstellungen, die ich für den Einsatz im Coaching-Prozess empfehle.

---

[12] GIBRAN, KAHLIL: *Der Prophet*.; Walter-Verlag, Düsseldorf 1998, S. 71 Vortrag im Humboldt-Haus Achberg am 23.März 1978

2. Grundlagen des prozessorientierten Coachings

Was ist unter dem Begriff Coaching zu verstehen und welche Abgrenzung besteht zu verwandten Konzepten, wie Therapie oder Training? Gibt es überhaupt *das Coaching* und wenn ja, wie hat es sich entwickelt? Diesen und weiteren Fragen versuche ich im folgenden Kapitel auf den Grund zu gehen. Leitfrage dabei ist: *Welche Themen muss eine Beratungskonzeption abdecken und wie differenziert sollten diese Themen dargestellt werden?*

2.1 Was ist Coaching?

2.1.1 Geschichte eines unklaren Begriffes

Historisch betrachtet stammt der Begriff *Coaching* ursprünglich aus Großbritannien und bezeichnet den Fahrer einer Kutsche (=Coach). Im übertragenen Sinne ist ein Coach also der Fahrer eines Gefährtes, derjenige, der lenkend über das Erreichen eines Zieles wacht. RAUEN weist in diesem Zusammenhang auf die Tradition des Coachings im angloamerikanischen Raum hin. Im **19 Jh.** wurde eine Person als Coach bezeichnet, die, vornehmlich an Universitäten, junge Menschen auf Prüfungen oder sportliche Wettbewerbe vorbereitet hat.[13] Ein Beispiel hierfür ist der auf einer authentischen Geschichte basierende Film „Chariots of fire", in dem ein Student in den **20er Jahren** des 20. Jahrhunderts von einer als *Coach* betitelten Person auf die Olympischen Spiele vorbereitet wird. Der Coach kümmerte sich verbotenerweise um das Training des jungen Sportlers, der daraufhin im Laufe der Geschichte von seiner Universität ausgeschlossen wird. Die Zuhilfenahme des Coaches markiert im Film die Grenze zwischen Amateur- und Profisport.

In der weiteren Entwicklung des Begriffs wurde im Sportbereich ein **Trainer oft ebenfalls Coach** genannt, wie es in den USA auch heute noch üblich ist. Die Aufgabe des Trainer-Coaches bestand darin, seinen Schützling zu beraten und über sein Training zu wachen. Im Laufe der Jahre trennten sich, im europäischen Raum, die Aufgaben eines professionellen Trainers von der eines Coaches. Der

---

[13] RAUEN, CHRISTOPER: *Coaching*; Verlag für Angewandte Psychologie, Göttingen 1999, S. 6

Trainer blieb weiterhin zuständig für die Gestaltung der Trainingspläne und der Coach hatte die Aufgabe, sich um den mentalen Zustand des Sportlers zu kümmern. In den 80er Jahren wurde zum Beispiel das Trainer/Coach-Duo BOSCH/TIRIAC durch die Erfolge des Tennisprofis BORIS BECKER weltbekannt.

Durch positiv besetzte Begriffe wie *Wettbewerb*, *Motivation* und *Spitzenleistung* findet ab den **70er Jahren** ein Transfer von **Coaching-Leistungen in den Managementbereich** statt. Führungskräfte, die unter enormem Leistungsdruck stehen, lassen sich coachen, um bessere Ergebnisse zu erzielen. Unter Zuhilfenahme der im Sportbereich entwickelten Fähigkeiten der Coaches, streben Führungskräfte nach einer Verbesserung ihrer fachlichen Kompetenz. Eine weitere Aufgabe der sogenannten *Manager-Coaches* besteht seither darin, die menschliche Vereinsamung der Führungskräfte zu kompensieren und ihnen als neutrale Person Feedback zu geben[14].

Seit Mitte der **80er Jahre** gibt es im europäischen Raum zwei parallel verlaufende Entwicklungen. Auf der einen Seite bildet sich eine Strömung in den Betrieben heraus, die mit dem Titel „**Der Manager als Coach**" bereits Thema zahlreicher Publikationen geworden ist. Eine Führungskraft, die ihre Mitarbeiter coacht, wird in diesem Zusammenhang als Coach bezeichnet, wobei die verwendeten Methoden und das Coachingverhältnis zu einer umfassenden Diskussion geführt haben (siehe auch Kapitel 2.1.2. *Merkmale eines Coaching*).

Die zweite Strömung beschränkt sich größtenteils auf die Entwicklung im deutschsprachigen Raum und bezieht sich auf den **organisations-externen Coach**, der seinem Klienten neutral, d.h. ohne Beziehungsgefälle, und unabhängig gegenüber steht.

Ende der **80er Jahre** führt diese Strömung zu einer Vielzahl von Verzweigungen, die zu einer Popularisierung des Begriffs Coaching beitragen. Es entstehen neue Begriffe, denen zum Teil neue Konzepte zugrunde liegen. Die Vielzahl der Neuerscheinungen zum Thema Coaching und der zunehmende Bekanntheitsgrad führt zu einer größeren begrifflichen Unklarheit. Alles wird Coaching genannt, was im entferntesten mit Beratung zu tun hat. Dennoch gibt es immer noch keine Definition, *was* Coaching ist und was nicht.

---

[14] Ebd. S. 22

Ende der **90er Jahre** des 20. Jahrhunderts befinden sich eine **Vielzahl von Dienstleistern** auf dem Seminar-, Fortbildungs- und Beratungsmarkt, die ein vielfältiges Angebot unter dem Oberbegriff Coaching anbieten.

Der größte Teil davon beschäftigt sich mit dem *klassischen* Coaching für Führungskräfte.

Als Ausbildung weisen Coaches zumeist ein Psychologiestudium, eine therapeutische Ausbildung, eine Ausbildung in NLP (Abkürzung für Neuro-Linguistisches-**Programmieren**) oder ein Betriebswirtschaftsstudium vor. Dies führt zu Vermischung von unterschiedlichen Ausbildungen und Qualifikationen auf Seiten der Coaches. Auch die Ansätze und Theoriefundierungen der Coaches sind höchst unterschiedlich.

So versucht z.B. ein Teil der Anbieter, ein bereits bestehendes Angebot, z.B. Unternehmensberatung und Organisationsentwicklung, durch Coaching attraktiver zu machen. Dies gilt auch für die Vielzahl von Therapeuten und Supervisoren, die die Aktualität des Begriffs für ihre Zwecke nutzen, zumeist ohne Coaching-Konzept, quasi als *abgespeckte Therapie* oder Supervision.

Daneben gibt es jedoch auch zahlreiche Nischenanbieter, die versuchen mit exotischen Namen und Konzepten ein bestimmtes Zielpublikum zu erschließen.

So gibt es z.B. unter dem Stichwort *Coaching und Kunst*: Coachingangebote für Künstler, Künstler die coachen, Kunst-Coaching für Unternehmen, die Kunst zur Aufwertung ihres Firmenimages kaufen möchten und dergleichen mehr.

Über Coaches, die speziell mit *kreativ-künstlerischen Methoden* in einer *psychologischen Beratung* arbeiten ist hingegen kaum etwas zu finden.

Aus der Vielfalt des bestehenden Angebots Anfang des 21. Jahrhunderts wähle ich im Folgenden die für dieses Konzept signifikanten Merkmale eines Coachings aus.

2.1.2 Merkmale eines Coachings

Coaching im Sinne einer Beratungsbeziehung hat eine lange Tradition. In Japan zum Beispiel gibt es nachweislich seit circa 500 v.Chr. das sogenannte Mentoring[15]. Ein junger Mensch sucht sich einen Meister, der sein Mentor wird. Dieser unterrichtet ihn nicht nur in den Kampfkünsten, sondern hilft ihm auch *seinen Geist zu bändigen* und Disziplin zu erlangen. Der Schüler erlernt sozusagen ein **Handwerk** (im Mentoring zumeist die Kampfkünste) und arbeitet an seiner **Persönlichkeit**. Es geht um eine **intensive**, und **individuelle Betreuung**, bei der der Mentor ebenfalls handwerkliche Fähigkeiten vermittelt bzw. durch sein Wissen und seine Lebensweisheit das Wachstum seines Schützlings fördert. Dies gilt im weitesten Sinne auch für das klassische Coaching als Beratungssituation und Zweierbeziehung. Ein Coach tritt als **Betreuer und Lehrer** auf, der die Entwicklung seines Klienten verfolgt und ihn mit seinem Wissen unterstützt. RAUEN weist an dieser Stelle auf die *Wechselbeziehung zwischen Instruktion und Mentorentum* hin. Ein Coach hat zu gleichen Teilen die Aufgabe **Kompetenz aufzubauen und Visionen zu schaffen**[16]. Diese Aufgabe erfüllt er auf der Basis eines Konzeptes (siehe Kapitel 2.2.). Er arbeitet mit *einer* Person, die als *Klient* bezeichnet wird[17]. Es tauchen in der Fachliteratur ebenfalls Begriffspaare wie *Coach/Coachee* auf, die ich jedoch nicht für geeignet halte. Der Begriff *Coachee* lässt sich aus dem Begriffspaar *Trainer/Trainee* herleiten und stellt die Beziehung des Coaches zu seinem Klienten dem eines Trainers zu einem Sportler gleich. Dies impliziert, dass ein Beziehungsgefälle vorhanden ist und daß der Coach die (Trainings-) Pläne für seinen Klienten schreibt. Das Gegenteil ist der Fall! Der Coach gibt seinem Klienten Impulse, so daß dieser sein Potential und die Richtung seines Wachstums und seiner Entwicklung erkennt. Er hilft seinem Klienten Chancen und Möglichkeiten zu sehen und unterstützt ihn bei seiner Entwicklung[18], indem er ihn fragend zur Strukturierung seiner Vorhaben anregt.

---

[15] AL HUANG, CHUNGLIANG/LYNCH, JERRY: *Mentoring*, Ariston-Verlag, München 1999, S.12
[16] RAUEN 1999, S. 42
[17] Zur Einführung des Begriffes *Klient* in dieser Arbeit: Ich benutze im Nachfolgenden den Begriff *Klient* für die *männliche oder weibliche* Person, die von einem Coach betreut wird. Die Bezeichnung *Coach* ist ebenfalls gültig für *weibliche und männliche Coaches*. Einen allgemeingültigen Terminus gibt es jedoch zur Zeit noch nicht.
[18] Ebd. S. 40

Es wird hier von **Hilfe zur Selbsthilfe**[19] gesprochen. Dies ist nur möglich, wenn Coach und Klient in horizontaler Beziehung zueinander stehen, d.h. der Coach nicht aufgrund eines *Trainer-Wissens* Macht über seinen Klienten hat.

Ein weiteres Merkmal des Coachings ist: „Es sollte möglichst **kein Beziehungs-gefälle** zwischen beiden geben, da dies die gegenseitige Akzeptanz erschwert."[20]

Ein Coach arbeitet mit Menschen an **beruflichen und privaten Themen**[21]. An dieser Stelle sei noch einmal hingewiesen auf die Problematik der Vereinsamung von Führungskräften, auf die der Coach eingeht, indem er neutraler Gesprächspartner ist, der auch privaten Themen Raum gibt. Er versucht nicht nur auf die berufliche Situation einzugehen, sondern sieht den Menschen und sein Entwicklungspotential auf allen Ebenen des Seins. Dieser ganzheitliche Ansatz wird in der Literatur nicht von allen vertreten. Viele sehen den Nutzen des Coachings in der „Förderung bzw. Wiederherstellung von beruflicher Handlungskompetenz"[22]. Die *Maßnahme Coaching* wird legitimiert durch die Erwartung einer erhöhten Effizienz. Dennoch gibt es auch Gegenpositionen: „Es geht also nicht nur darum, die Effizienz bei der Arbeit zu erhöhen, sondern das „Zu-sich-kommen" im beruflichen und privaten Bereich stehen im Vordergrund. Viele Coaching-Sitzungen thematisieren ausschließlich private Themen."[23] Selten wird jedoch in diesem Zusammenhang über ein Coaching-Angebot für *Nicht-Führungskräfte* diskutiert.

Auf diesen Punkt werde ich im Kapitel 2.2. noch einmal zurückkommen und führe an dieser Stelle **den erweiterten Coaching-Begriff** ein:

Coaching ist eine Beratung nicht nur für Personen mit Managementaufgaben und hat ebenfalls nicht nur berufliche Themen zum Gegenstand.[24]

---

[19] MUTZECK 1999, S. 12
[20] RAUEN 1999, S. 55
[21] GRAF, JÜRGEN: *Seminare 1999*; ManagerSeminare Gerhard May, Bonn 1999, S. 108
[22] ROTH, WOLFGANG L./ BRÜNING, MARIETTA/ EDLER, JOACHIM: *Coaching - Reflexionen und empirische Daten zu einem neuen Personalentwicklungsinstrument*; in Wilker, Friedrich-W. (Hrsg.): *Supervision und Coaching. Aus der Praxis für die Praxis*; Deutscher Psychologen Verlag, Bonn 1995, S. 201
[23] GRAF, JÜRGEN 1999, S. 108
[24] vergl. RAUEN 1999, S. 64

Ein Coaching kann deshalb potentiell **an allen möglichen Orten** stattfinden. Ein Ort, auch *Setting* genannt, ist dann geeignet, wenn er einen Rahmen für die Coaching-Sitzung definiert und wenn er dem Coaching-Prozess dienlich ist. „Coaching findet intern und extern, in Unternehmen und Sportvereinen, mit Einzelpersonen und Teams, in „eins-zu-eins"-Situationen und am Telefon, mit Managern, Schülern, Studenten, Hausfrauen, Selbständigen, Arbeitslosen usw. statt. Diese Liste lässt sich ohne Probleme erweitern, und soll einen Eindruck von den vielfältigen Einsatzmöglichkeiten eines Coaching-Konzeptes liefern."[25]

Intern und *extern* bedeuten hier, dass ein Coach *organsiations-extern* oder *organisations-intern* sein kann. Der *externe Coach* wird für einen gewissen Zeitraum konsultiert bzw. das Arbeitsverhältnis ist von vornherein *zeitlich begrenzt.* Der *organisations-interne* Coach ist fest bei einem Unternehmen angestellt, um regelmäßig Coaching-Maßnahmen innerhalb des Unternehmens durchzuführen. Als Beispiel hierfür ist *VW-Coaching* zu nennen, ein Tochter-Unternehmen des VW Konzerns. Zum einen ist *VW-Coaching* ein eigenständiges Unternehmen, welches seine Dienste jedoch fast ausschließlich im VW-Konzern anbietet. Ob ein Coaching von einem externen oder internen Coach durchgeführt werden soll bzw. welche Maßnahme mehr Erfolg verspricht, kann hier nicht mit Sicherheit gesagt werden. Ich schließe mich jedoch RAUEN an, der GEISSLER und GÜNTHER zitiert: „Als Coach kommt nur ein Außenstehender in Frage, der unabhängig und objektiv ist."[26] So beziehe ich mich also in den weiteren Ausführungen auf den **organisations-externen Coach**, denn durch ihn ist Unabhängigkeit gesichert. Ein weiterer wichtiger Grund für die Wahl eines externen Coaches ist, dass die Beratungsbeziehung auf **Freiwilligkeit** beruhen sollte. Freiwilligkeit ist eines der wichtigsten Merkmale für das Coaching, denn: Coaching kann nicht verordnet werden! „Deswegen ist es paradox, den Vorgesetzten zum Coach zu ernennen, denn seine Ziele sind andere: Ihm geht es um Leistung und um Bewertung. Diese beiden Faktoren haben in einer Coaching-Beziehung keinen Platz."[27] Wenn eine Führungskraft mit sogenannten Coaching-Methoden Mitarbeiter zu Höchstleistungen anregen will, so ist hiermit etwas anderes gemeint als Coaching. Es geht hierbei um eine Veränderung des Selbstverständnisses von Füh-

---

[25] MAAß, EVELYNE und RITSCHL, KARSTEN: *Coaching mit NLP;* Jungfermann-Verlag, Paderborn 1997, S. 12
[26] RAUEN 1999 S. 47
[27] Ebd. S. 110

rungskräften. Diese versuchen sich, ggf. in einer abgeflachten Hierarchie, mehr als Berater und Förderer ihrer Mitarbeiter, denn als Vorgesetzte zu verstehen. Dies kann ein Vorspielen von falschen Tatsachen sein, denn die Führungskraft hat ‚Kraft ihrer Position' *Macht* über ihre Mitarbeiter. Zwar kann in einem freundlichen Gespräch die Klärung einer Situation erreicht, oder eine Zielvereinbarung getroffen werden, doch es kann niemand gecoacht werden, der nicht vorher freiwillig sein Einverständnis dazu gegeben hat.

Wenn das geschieht, ist ein weiteres wichtiges Merkmal von Coaching nicht gegeben: die **Unvoreingenommenheit des Coaches**. Ich schließe mich RAUEN an, der fordert: „Die Beziehung zwischen Klient und Coach muss von partnerschaftlichem Bemühen, von Sicherheit und Vertrauen geprägt sein."[28] Ebenso ist charakteristisch für ein Coaching die **offene, entwicklungsorientierte Haltung des Coaches** zu seinem Klienten.

Neben der Freiwilligkeit ist eine **zeitliche Begrenzung** als Merkmal des Coaching bedeutsam. Ein Coaching findet in einem *vorher abgesprochenen Zeitraum* statt. In der Literatur wird ein Zeitraum von 10 Sitzungen und 3 Monaten als üblich angegeben[29]. Dennoch gibt es von Fall zu Fall starke Unterschiede. Der Zeitraum sowie die Abstände zwischen den Treffen richten sich nach den Bedürfnissen des Klienten. Der Kölner Psychologe HANS CHRISTIAN HEILING berichtet von Klienten, die lediglich zwei bis drei Mal pro Jahr, im Abstand von drei bis sechs Monaten gecoacht werden. Dennoch ist dieses Merkmal ein wichtiges Unterscheidungskriterium, welches Coaching grundsätzlich von Therapie (offener Zeitraum, unbegrenzt) und Supervision (offener Zeitraum, in regelmäßigen Abständen) unterscheidet. (Was nicht heißt, dass eine Therapie, bzw. eine Supervision immer in einem offenen Zeitraum stattfinden! Es geht hier lediglich darum grundsätzliche Unterscheidungskriterien zu benennen.)

Im Vorfeld des Coaching-Prozesses wird ein **Vertrag** zwischen Coach und Klient ausgehandelt, in dem Ziel und zeitliche Dauer festgelegt werden. „Coaching ist eine Begleitung auf Zeit."[30] Wenn das vereinbarte Ziel bereits vor dem Ende des Zeitraums erreicht ist, kann das Coaching ebenfalls als beendet gelten.

---

[28] Ebd. S. 110
[29] Ebd. S. 112
[30] aus http://www.coaching-web.de, ANDREAS KNIERIM, 12.9.2000

Das Ziel des Coaching ist „die (Wieder-) Herstellung und/oder die Verbesserung der Selbstregulationsfähigkeit des Klienten."[31] Übersetzt bedeutet dies, dass der Coach daran arbeitet sich wieder überflüssig zu machen. Wenn dies geschehen ist, hat der Klient z.b. seine Ziele überprüft, Hilfe bei der Reflexion seiner Situation erhalten, Strategien für bestimmte Probleme erarbeitet, usw.

Coaching ist somit auch **Hilfe zur Selbsthilfe**: Der Coach hilft seinem Klienten, die eigene Handlungskompetenz wieder herzustellen.

(Alle hier genannten Merkmale eines Coachings beziehen sich auf ein Coaching, wie ich es im Rahmen dieses Konzeptes beschreibe. Dies sind keine allgemeingültigen Kriterien! Andere Konzepte können damit übereinstimmen, oder nicht, was Differenzierungs- aber auch Bewertungskriterium sein kann. Über einen Konsens von Merkmalen und Qualitätsstandards bemüht sich u.a. die **Europäische Coaching Assossiation**. Diese Arbeit folgt den Empfehlungen der E.C.A.)

Zusammengefasst sind die Hauptmerkmale für ein Coaching:
- intensive und individuelle Betreuung
- berufliche und persönliche Themen werden angesprochen
- Freiwilligkeit
- es besteht kein Beziehungsgefälle zwischen Coach und Client
- der Coach ist unabhängig und objektiv
- der Coach hat eine entwicklungsorientierte, offene Haltung
- eine Begleitung auf Zeit mit einem bestimmten, definierbaren Ziel
- Hilfe zur Selbsthilfe im Sinne der Wiederherstellung von Handlungskompetenz

Eine Antwort auf die Frage „*Was ist Coaching?*" könnte wie folgt formuliert sein:

Definition Coaching:

Coaching ist eine intensive und individuelle Betreuung auf Zeit, die auf Freiwilligkeit und Gleichgestelltheit beruht. In einem neutralen Umfeld (organisationsextern) werden in einer 1:1 Situation private und berufliche Themen zum Gegenstand des Coachings gemacht. Der Coaching-Prozess ist zeitlich begrenzt und zielgerichtet. Der Coach zeichnet sich durch eine offene, entwicklungsorientierte Haltung aus und arbeitet mit seinem Klienten daran, dessen Handlungskompetenzen (wieder) herzustellen.

2.1.3 Abgrenzung zu verwandten Konzepten

Coaching lässt sich von **Training** und **Therapie** relativ eindeutig abgrenzen, Überschneidungen treten auf im Vergleich zur Supervision und Beratung. Ebenso lassen sich Parallelen zum Konzept der **Mediation** ziehen, aber es lassen sich auch deutliche Unterscheidungsmerkmale finden. Der Versuch einer Abgrenzung bezieht sich auf das oben beschriebene Coaching als *Eins-zu-Eins-Situation*, d.h. ein **externer** Coach begleitet **einen Klienten** in einem **vorher abgesteckten Zeitraum**.

Training und Coaching

Wie im Kapitel 2.1.1. *Geschichte eines unklaren Begriffs* beschrieben, hat das Coaching seine Wurzeln im Sport und der Vergleich Training und Coaching liegt nahe. Ein Trainer versucht die Leistungen und Fähigkeiten des Trainierenden zu steigern und Fehlverhalten zu reduzieren. Es wird geübt, bis sich das Neue automatisiert hat. Dies geschieht, indem der Trainer, aufgrund seiner fachlichen Qualifikation, für seinen *Schützling* Trainingspläne schreibt. Der körperliche Aspekt ist hier von großer Bedeutung, obwohl im Laufe der Zeit sehr wohl klar geworden ist, dass der mentale Aspekt den Erfolg eines Trainings wesentlich mitbestimmt. Ob ein Sportler Höchstleistungen erbringen kann, ist nicht nur abhängig von seiner körperlichen Fitness, sondern auch von seiner mentalen Kondition. Das Training ist im Regelfall sehr stark auf einen Wettkampf ausgerichtet. Ein Trainer begleitet einen Sportler in der Regel über einen längeren Zeitraum, wohingegen ein Coach seinen Klienten über einen begrenzten Zeitraum begleitet. Der Coach versucht ebenfalls die Leistungsfähigkeit seines Klienten zu optimieren, aber auch seine Eigenverantwortung zu fördern. Die Leistung soll nicht nur im Wettkampf (mit anderen Kollegen oder anderen Firmen) sondern auch im Alltag gesteigert werden, wobei Leistung und Wohlbefinden im Coaching gleichermaßen thematisiert werden. Die Leistungsbereitschaft des Klienten kann mit der Erwartungshaltung von Vorgesetzten in Konflikt geraten, wenn der Klient merkt, dass seine Arbeit ihn überfordert. Coaching wird auch als *Hilfe zur Selbsthilfe* beschrieben, da der Coach *nicht* wie ein Trainer permanent über das Wachstum seines Klienten wacht. Der Coach analysiert mit seinem Klienten die Probleme und legt mit ihm gemeinsam die Strategie fest. Im Sport kann das *gemeinsame* Festlegen einer Strategie auch Bestandteil des Trainings sein, doch dies ist eher die Ausnahme als die Regel. Die Gefahr besteht, dass der Sportler von seinem Trainer *unmündig* gemacht wird. Ein Coach, der einen Sportler *coacht* füllt diese Lücke, wenn er mit einem Trainer zusammen einen Sportler begleitet. „Das Coaching hingegen umfasst im Idealfall ganzheitlich die psychologischen Komponenten der Leistung und der Persönlichkeit."[32] In der Personalentwicklung wird ein Coach zuweilen auch als Trainer eingesetzt, der in sogenannten *Trainings* Mitarbeiter auf zukünftige Aufgaben vorbereiten soll. Die *Vermittlung von Fachkompetenz* ist dann eine mögliche Aufgabe für den Coach.

Therapie und Coaching

RAUEN weist darauf hin, dass Coaching zuweilen als *verkappte Psychotherapie*[33] bezeichnet wird. Der Vergleich liegt nahe, denn es werden zum Teil psychotherapeutische Techniken verwendet (z.B. aus der Gesprächstherapie, Dramatherapie, Kunsttherapie usw.). Einige als Coach arbeitende Personen sind ausgebildete Psychotherapeuten. In Abgrenzung zur Psychotherapie im Allgemeinen, geht ein Coach davon aus, dass keine Krankheit vorliegt, die mittels einer Therapie beseitigt werden soll. Unter Krankheit wird hier *eine Störung des psychischen oder physischen Gleichgewichts* verstanden.[34] Ein Coaching hat primär die Veränderung der Gegenwart und die aktive Gestaltung der Zukunft zum Ziel. Die Frage: *Welche Schritte sind notwendig, um ein Ziel oder eine Veränderung zu erreichen?* steht im Mittelpunkt des Coaching.

Coaching konzentriert sich auf die Weiterentwicklung von Persönlichkeit, nicht auf die Heilung von physischen oder psychischen Krankheiten. Falls eine Veränderung auf einem dieser Gebiete stattfindet, dann als Nebenprodukt einer geistigen und seelischen Entwicklung[35].

„Im Coaching geht es um ein ‚Ich will', um die Optimierung von Lebensqualität auf freiwilliger Basis", nicht um die ‚Gesundung eines Kranken'."[36] Der Coach sollte deshalb die Grenzen von Beratung kennen und Klienten, die einer Therapie bedürfen an entsprechende Stellen verweisen. Wann jedoch eine Person eine

---

[32] Ebd. S. 72
[33] Ebd. S. 67
[34] Dorsch Psychologisches Wörterbuch 1998, S. 467
[35] MAAS/RITSCHL 1999, S. 22
[36] Ebd. S. 23

Therapie braucht, kann ein Coach, der keine Therapie-Ausbildung hat, wohl kaum entscheiden. Er kann lediglich prüfen, ob er einen Klienten coachen kann und will, oder nicht (ein ungutes Gefühl, eine Antwort der Intuition kann hier Hinweis sein). Ein Beispiel für den fließenden Übergang von Coaching und Therapie ist die Arbeit des Kölner Psychologen und Coaches HANS-CHRISTIAN HEILING. Er bezeichnet seine Arbeit mit Führungskräften nicht als Therapie, weil dies den Anschein haben würde, seine Klienten seien krank. Wenn er mit Methoden der psychologischen Morphologie seine Klienten Kunstwerke beschreiben lässt, besteht seine Arbeit darin, weiterführende Fragen zu stellen, die in eine Analyse der Situation des Klienten münden. Wenn es in einem Fall angebracht ist, legt er seine Klienten daraufhin „auch schon mal auf die Couch."[37] Was als Coaching begonnen hat wird dann zeitweilig als Therapie weitergeführt.

Supervision und Coaching

Die Grenzen zwischen Supervision und Coaching sind fließend. Das Setting ist ähnlich und die angewendeten Methoden und Vorgehensweisen überschneiden sich. Coaching wird zuweilen auch als *Einzelsupervision* bezeichnet. „Supervision kann verstanden werden als eine besondere Form der Beratung. Die Zielgruppe der Supervision (die Supervisanden) sind Personen, bei denen das professionelle Handeln auf die zwischenmenschlichen Beziehungen bei beratenden, helfenden, pflegenden, lehrenden, menschenführenden Tätigkeiten gerichtet ist."[38] So findet Supervision hauptsächlich im *sozialen*, Coaching hingegen hauptsächlich im *wirtschaftlichen* Bereich statt. RAUEN verweist jedoch darauf, dass seit Beginn der 90er Jahre des 20. Jahrhunderts Einzelsupervisionen auch im Bereich der Wirtschaft vermehrt auftreten[39]. Der Grund dafür ist die unübersehbare Vielfalt der Coaching-Angebote und Anbieter und ihre zum Teil mangelnde Qualifizierung. Supervisoren haben im Gegensatz zu Coaches eine Ausbildung nach einheitlichem Standard (definiert von der **Deutschen Gesellschaft für Supervision, DGSv**) und gewährleisten dadurch mit größerer Sicherheit eine professionelle Vorgehensweise. RAUEN weist darauf hin, dass eindeutig die Gefahr besteht, dass die Supervision das Coaching vom Markt vertreibt, wenn nicht

---

[37] HANS-CHRISTIAN HEILING im Interview am 8. März 2000
[38] MUTZECK 1999, S. 25
[39] RAUEN 1999, S. 23

in absehbarer Zeit ein Ausbildungsstandard für Coaches definiert wird. Inhaltlich beschäftigt sich die Supervision hauptsächlich mit dem Lösen von Problemen, die im beruflichen Alltag auftreten. Es werden Kommunikations- und Kooperationsprobleme zwischen Mitarbeiterinnen und Mitarbeitern, ihren Klienten, Kunden oder Vorgesetzten thematisiert. Im Coaching hingegen wird eine eindeutige Ausrichtung auf eine lösungsorientierte (- im Gegensatz zur problemorientierten -) Haltung gelegt. Weiterhin fallen die Unterstützung von Organisationen und Unternehmen bei der Umsetzung ihrer Aufgaben und ihrer eigentlichen Zielsetzungen und die Qualifizierung von Mitarbeiterinnen und Mitarbeitern in den Aufgabenbereich eines Supervisors. Vornehmlich geschieht dies durch die Förderung eines gemeinsamen Lernprozesses. Die Ähnlichkeit zu dem in der Literatur als Gruppen-Coaching bezeichneten Coaching liegt nahe, doch ist meiner Meinung nach eine Trennung *Supervision von Gruppen* vs. *Coaching von Einzelpersonen* sinnvoll. Supervision sieht das Individuum in den Strukturen einer Organisation/Firma und versucht dort Konflikte zu lösen, das Coaching stellt die persönliche Entwicklung des Klienten und eine lösungsorientierte Haltung in den Vordergrund.

Im Coaching geht es nicht nur um *Problemlösen*, sondern auch um zielorientierte *Persönlichkeitsentwicklung*. Viele Supervisionsprozesse beruhen auf der Annahme „dass der Weg (schon) das Ziel sei."[40] Das Coaching hingegen versucht konkretes Handeln anzuregen:

„**Coach**-ing ist deshalb für uns ein echtes ‚**Runter-vom-Sofa'**-Konzept der Beratung"[41].

Wenn eine Trennung vollzogen wird zwischen *Supervision als Problemlösungsmaßnahme* und *Coaching als Weiterentwicklungsmaßnahme*, kann das Coaching an Profil gewinnen und sich in Zukunft stärker von der Supervision abgrenzen.

---

[40] WOLTMANN-ZINGSHEIM, BERND/NEBEL, GEORG *Coaching: Die „Runter-vom-Sofa"-Beratung* in *Supervision in der Postmoderne*, Aachen 1998, S. 142
[41] Ebd. S. 141

Mediation und Coaching

Als eines der momentan aktuellen Konzepte stellt die Mediation eine Art Brücke zwischen Supervision und Coaching dar. Der Begriff Mediation leitet sich aus dem lateinischen Wort *medius* ab, was soviel wie *der Mittlere* bedeutet. Ebenso lässt sich der Begriff aus dem englischen *mediation* ableiten, was sich mit *Vermittlung im Konflikt* übersetzen lässt. Ein Mediator erarbeitet mit Hilfe von Kommunikations-, Moderations- und Verhandlungstechniken eine Konsensvereinbarung zwischen Personen und Gruppen. Einsatzbereiche eines Mediators sind in erster Linie Familien, Schulen und psycho-soziale Einrichtungen. Eine **Gemeinsamkeit** mit dem Coaching lässt sich unter anderem feststellen, wenn man das Methodenspektrum der Mediation betrachtet. Der Mediator versucht ebenfalls durch psycho-pädagogische Methoden seine Klienten zu verstehen und ein Verständnis für ihre Bedürfnisse zu entwickeln. Er arbeitet mit offener Kommunikation und ist auf Kooperation angewiesen. Coaching kann aus der Sicht der Mediation bedeuten, ein Problemlösungsverhalten zu entwickeln[42] (das auf gegenseitigem Verständnis beruht) und die damit verbundenen Lern- und Entwicklungsprozesse bei sich und anderen zu initiieren und zu begleiten. Der Coach wie auch der Mediator stellen dabei Rahmenbedingungen her, die Grundlage für Wachstum und Neustrukturierung sind. Der Coach kann bei dieser Betrachtungsweise auch *Prozessbegleiter* genannt werden[43].

Der **Unterschied** zum Coaching ist, dass ein Mediator, ähnlich wie ein Supervisor, in Gruppenprozessen eingesetzt wird, ein Coach sich jedoch auf eine „Eins-zu-Eins-Situation" spezialisiert hat. Dennoch werden Mediatoren, ähnlich wie Coaches, ebenfalls in Trainings eingesetzt, um Einzelpersonen und Teams für bestimmte Aufgaben zu schulen bzw. zu sensibilisieren und Verhaltensweisen zu trainieren. Hierfür ist die Arbeit des Kasseler Coaches und Mediators WOLF-GANG PRIER ein Beispiel. Wenn während einer Mediation die Notwendigkeit entsteht, mit einer Person gezielt an Blockaden und Einstellungen zu arbeiten, führt er ein sogenanntes *Konflikt-Coaching* durch. Fragen wie „Was ist mein Anteil am Konflikt? Was kann ich zu einer gemeinsamen Lösung beitragen?"[44] stehen dann im Mittelpunkt des Einzel-Coachings.

---

[42] MAAS/RITSCHL 1999, S. 12
[43] RAUEN 1999, S. 18
[44] PRIER, WOLFGANG im Telefon-Interview am 3.10.2000

Seit sich 1993 der Bundesverband Mediation gegründet hat, gibt es einheitliche Richtlinien für die Ausbildung zum Mediator. Dies trägt zur Professionalisierung der tätigen Mediatoren bei und erhöht das Vertrauen in ihre Arbeit. Obwohl Mediatoren ursprünglich hauptsächlich in Familien und Schulen gearbeitet haben, ist in den letzten Jahren ebenfalls eine Ausweitung des Tätigkeitsfeldes von Mediatoren in den Wirtschaftsbereich festzustellen.[45] Mediatoren arbeiten mit Teams und Einzelpersonen in Unternehmen und thematisieren dort die Art, wie mit Konflikten umgegangen wird.

---

[45] Ebd.

2.1.4 Coaching = Beratung?

Wenn von Coaching als einer Form der Zweierbeziehung zwischen einem *externen Coach* und einem *Ratsuchenden* die Rede ist, wird Coaching oftmals auch als Beratung bezeichnet[46]. RAUEN formuliert, dass unter „Coaching ein individueller, unterstützender Beratungsprozess verstanden" wird, „in welchem ein Berater – *der sogenannte Coach* – mit seinem Klienten – *dem Gecoachten* – eine Beratungsbeziehung eingeht."[47] Auf der anderen Seite wird Beratung auch als Coaching bezeichnet. „Angewendet wird sie (*die Methode der kooperativen Beratung, Anm. des Autors*) jedoch auch zunehmend (...) als Coaching bei Managern."[48] Es besteht methodisch, konzeptionell, als auch inhaltlich eine Schnittmenge zwischen Coaching und Beratung. Dennoch ist ein wesentlicher Unterschied, dass sich unter *Beratung* jeder etwas vorstellen kann, Coaching hingegen als *Container-Begriff* benutzt wird „....in den jeder hineininterpretiert, was er gerade braucht, um das eigene Dienstleistungsangebot möglichst attraktiv erscheinen zu lassen."[49] Beiden gemeinsam ist, dass es an klaren Konzepten mangelt[50].

RAUEN weist auf das K3-Erfolgsmodell hin, das die für den Erfolg eines Coaching notwendigen Faktoren beschreibt: „*Kompetenz* und *Kooperation* sind somit meiner Einschätzung nach neben dem *Konzept* entscheidende Faktoren im Coaching-Prozess."[51] Auf den Aspekt der Kompetenz, bzw. auf die Frage welche Qualifikation ein Coach haben sollte, gehe ich in Kapitel 2.1.5. näher ein.

Im Konzept der „kooperativen Beratung" erläutert MUTZECK die Faktoren *Kooperation* und *Konzept* genauer und beschreibt ein Theorie-Gerüst, welches dem *Einsatz von Methoden in der Beratung* eine wissenschaftlich fundierte Basis gibt. Aus diesem Grund wird im Folgenden das Konzept der kooperativen Beratung von WOLFGANG MUTZECK vorgestellt und ein Bezug zum Coaching und diesem Konzept hergestellt.

---

[46] vergl. Mutzeck 1999, Rauen 1999, Schreyögg 1996
[47] RAUEN 1999, S. 19
[48] MUTZECK 1999, S. 8
[49] BÖNING, UWE/FRITSCHKE, BRIGITTE: *Veränderungsmanagement auf dem Prüfstand*; Rudolf Haufe-Verlag, Freiburg 1997, S. 172
[50] RAUEN 1999, MUTZECK 1999
[51] RAUEN 1999, S. 190

2.1.4.1 Inhaltlicher Vergleich *Coaching* und *kooperative Beratung*

MUTZECK weist darauf hin, dass Beratung „als Hilfe bei der Bewältigung und Gestaltung von individuellen und gesellschaftlichen Problemen eingesetzt"[52] wird. Das Coaching hingegen erfährt häufig eine Fokussierung auf berufliche Themen, wobei auch offen ist, dass Themen „weit in den privaten Bereich hineinreichen, wenn dies notwendig erscheint und gewollt wird."[53] Es geht also in beiden Fällen um die Verschränkung von beruflichen und privaten Themen im Sinne eines ganzheitlichen Ansatzes. Es wird von einer Wechselwirkung ausgegangen, bei der jeder Lebensbereich den anderen beeinflusst.

Eine weitere Gemeinsamkeit zwischen Coaching und Beratung ist das fehlende Beziehungsgefälle. MUTZECK stellt hier begrifflich *vertikale* und *horizontale Beratung* gegenüber. Vertikal bedeutet, „es gibt ein „oben", das Expertenwissen des Beraters, und ein „unten", die Hilfsbedürftigkeit des Ratsuchenden."[54] Im Gegensatz dazu steht die horizontale, bzw. kooperative Beratung, in der „die Kompetenzen des Beraters und des Ratsuchenden als gleichwertig angesehen"[55] werden. In diesem Fall findet die Beratung auf der Basis einer Kooperation statt. Es wird versucht „sich miteinander zu beraten"[56] und gemeinsam eine Lösung für das Problem zu erarbeiten. Eben dies fordert RAUEN, wenn er den Coach als „Prozessberater"[57] bezeichnet. Unter der methodischen Leitung des Coaches/Beraters wird gemeinsam, quasi wie zwei Gleichgestellte, der „Weg der Klärung und der Lösung des Problems und der Umsetzung des erarbeiteten Handlungsweges"[58] gegangen. Coaching und Beratung haben gemeinsam die Komponenten **Problemdefinierung/Lösungsfindung** und **Begleitung bei der Umsetzung** in ihr Konzept integriert.

2.1.4.2 Das Handlungskonzept der kooperativen Beratung

Was ist die Absicht einer Beratung, welches Ziel verfolgt der Berater?

Im Fall der kooperativen Beratung versucht der Berater auf Grund der Menschenbildannahme *Verbalisations- und Kommunikationsfähigkeit* (siehe Kapitel

---

[52] MUTZECK 1999, S. 10
[53] RAUEN 1999, S. 54
[54] MUTZECK 1999, S. 26
[55] Ebd. S. 26
[56] Ebd. S. 26
[57] RAUEN 1999, S. 54
[58] MUTZECK 1999, S. 27

2.2.1.) die „Selbstexploration"[59] seines Klienten zu fördern. Er unterstützt den Ratsuchenden dabei, seine „Innensicht, seine Gedanken und Gefühle kennenzulernen"[60] und auszudrücken, denn: „Diese Innensicht hat eine handlungsleitende Funktion."[61] Der Berater versucht seinen Klienten zu verstehen, indem er „in einen Dialog"[62] eintritt und damit direkt auf sein Gegenüber eingeht. „Um sicher zu gehen, dass die Mitteilung richtig, d.h. im Sinne des Senders (...) verstanden wurde, teilt der Empfänger (...) dem Ratsuchenden mit, wie er die Mitteilung (Antwort, Antwortenkomplex) verstanden hat."[63] Er lässt seinen Klienten reden, fragt nach und korrigiert, was er nicht verstanden hat, bis der Ratsuchende sich verstanden fühlt. „Das Ziel und der Abschluß der dialogischen Rekonstruktion sind die Konsensbildung über die Erhobene Selbst- und Weltsicht zur Sicherung (...) des dialogisch gewonnenen Verstehens."[64] Dies geschieht auf Grund der Annahme, dass der Mensch Zugang zu seinen mentalen Prozessen hat, die mit seinen Handlungen (geplant oder ungeplant) zusammenhängen, und dass er diese verbalisieren kann. Was weiter oben *Problemdefinierung/Lösungsfindung* genannt wurde, hängt eng mit der *Rekonstruktion der Welt- und Selbstsicht* des Klienten zusammen. Der Berater hilft seinem Klienten, indem er im ersten Schritt versucht ihn und seine Sichtweisen zu verstehen.

Mutzeck beschreibt, dass eine unabdingbare Voraussetzung dafür, dass die Auskünfte des Klienten ehrlich und wahrhaftig sind, das Vorhandensein von **Vertrauen** ist. „Als Basiselemente eines Vertrauensverhältnisses gelten Offenheit, Sicherheit und ein angenehmes (positives) Nähe-Distanz-Verhältnis."[65] Dafür hat in erster Linie der Berater zu sorgen, da er eine *Modellfunktion* hat. Sein Verhalten ist für den Klienten Maß für sein eigenes Verhalten.

Wenn der Berater **Offenheit** und Vertrauen schenkt, wird der Ratsuchende ihm ebenfalls mit größter Wahrscheinlichkeit Offenheit und Vertrauen entgegenbringen. Mutzeck weist in diesem Zusammenhang aber auch darauf hin, dass

---

[59] Mutzeck 1999, S. 57
[60] Ebd. S. 57
[61] Ebd. S. 57
[62] Ebd. S. 58
[63] Ebd. S. 58
[64] Ebd. S. 61
[65] Ebd. S. 62

der Aufbau eines Vertrauensverhältnisses ein „wechselseitiger Prozess"[66] ist, zu dem auch der Klient seinen Teil beizutragen hat.

Sicherheit bedeutet, dass der Klient die Gewissheit hat, dass die Inhalte der Beratung vertrauenswürdig behandelt werden, d.h., dass der Berater stillschweigen darüber bewahren wird. Dies ist wichtig, gerade wenn berufliche Themen besprochen werden, die sich bei bekanntwerden negativ auf die Karriere des Klienten auswirken könnten. Hier hat der Berater, sowie auch der Coach die gleiche *Schweigepflicht* wie ein Arzt oder ein Psychiater. Zum Aspekt **Nähe und Distanz** ist anzumerken, dass sich die eingegangene Beziehung auf rein beruflicher (im Gegensatz zur privaten) Ebene abspielt. Die Nähe sollte groß genug sein, um Anteil zu nehmen und Interesse für die Person des Klienten zu haben, aber von solcher Distanz sein, dass sie kritisches Hinterfragen zulässt. „Die Position zwischen Nähe und Distanz ist in Abhängigkeit von Person und Situation individuell zu erspüren und zu entscheiden."[67]

(Weiteres zu Nähe und Distanz und dem Aufbau einer Vertrauenssituation ist zu finden bei MUTZECK 1999, S. 64 ff.)

Zusammengefasst ist das Ziel des Beraters Vertrauen herzustellen indem er eine Situation von Offenheit und Sicherheit generiert und versucht eine Balance zwischen Nähe und Distanz zu halten. Der Berater sorgt dadurch für ein Setting, das Voraussetzung für einen erfolgreichen Ablauf des Beratungs- bzw. Coaching-Prozesses ist.

2.1.5 Der Coach und seine Qualifikationen

Die Frage wer sich als Coach bezeichnen darf und welche Qualifikationen eine solche Person vorweisen soll wird zum Teil kontrovers diskutiert. Auf der einen Seite wird eine mangelhafte Qualifizierung bei ausübenden Coaches bemängelt, die den Erwartungen an ein fundiertes Coaching nicht gerecht werden[68]. Auf der anderen Seite ist jedoch nirgendwo bindend festgelegt, was ein Coaching überhaupt ist und welchem Standard eine Coaching-Ausbildung gerecht werden muss. Auch wenn sich Vereine, wie z.B. die E.C.A. um eine verbindliche Stand-

---

[66] Ebd. S. 62
[67] Ebd. S. 62
[68] BUTZKO, H.G.: *Coaching ist eigentlich der falsche Begriff*; in Wirtschaft und Weiterbildung 6, 1993 S. 48

arisierung von Inhalten einer Coaching-Ausbildung bemühen, ist dies zur Zeit noch nicht bindend. „Daher kann sich jede Person als „Coach" bezeichnen, ohne gegen rechtliche oder sonstige Bestimmungen zu verstoßen."[69] Im Folgenden werde ich die Qualifikationen skizzieren, die ein Coach vorweisen sollte, um das Konzept *Coaching und Kunst* fundiert anwenden zu können. Es sei jedoch ausdrücklich darauf hingewiesen, dass es hier um die Darstellung idealtypischer Kompetenzen geht, die der Autor seiner persönlichen Auffassung nach für wichtig erachtet!

Es können in einem ersten Schritt *fachliche Kompetenzen* und *persönliche Kompetenzen* unterschieden werden.

2.1.5.1 Die fachlichen Kompetenzen

Die fachlichen Kompetenzen umfassen **psychologische Qualifikationen** und **Theorie- und Methodenwissen**.

Es wird in der Literatur ebenfalls kontrovers diskutiert, ob ein Coach auch **Feldkompetenzen** besitzen sollte, d.h., zum Beispiel betriebswirtschaftliche Kenntnisse, wenn er Führungskräfte aus Wirtschaftsunternehmen coacht. Ich schließe mich der Meinung WITHMORES an, der behauptet, ein Coach braucht *keine* besondere Sachkenntnis zu haben von dem Gebiet, in dem sein Klient arbeitet. Durch zuviel Sachkenntnis, so WITHMORE, besteht die Gefahr, dass der Coach sein Expertentum direktiv in den Coaching-Prozess einbringt und dadurch die Eigenverantwortung des Klienten reduziert[70]. Sehr wichtig sind die **psychologischen Qualifikationen** und das **Theorie- und Methodenwissen**, das den Coach (im Falle dieses Konzeptes) zu einem Experten auf dem Gebiet *Coaching und Kunst* macht. Sein Wissen und seine Sicherheit im Umgang mit den vorgestellten Methoden lässt erst den Erfolgsfaktor *Anerkennung des gegenseitigen Expertentums* entstehen. Der Klient ist Experte für sein Leben/seine Themen, der Coach ist Experte für das initiieren und hinterfragen von Entwicklungsprozessen. Vielfach wird ein Psychologiestudium als Grundlage für eine Qualifizierung als Coach gesehen[71]. Ich bin der Meinung, dass der Coach über

---

[69] RAUEN 1999, S. 153
[70] RAUEN 1999, WITHMORE 1992
[71] RAUEN 1999

psychologisches Wissen verfügen sollte, aber kein abgeschlossenes Psychologiestudium als unabdingbare Voraussetzung haben muß. Auch dieses Wissen könnte ihn im Coaching-Prozess blockieren, weil die Gefahr besteht, dass er in eine Analysehaltung verfällt, um seinen Klienten zu therapieren. Im Coaching-Prozess regt der Coach seinen Klienten dazu an sich selbst zu hinterfragen und selbst Muster und Verhaltensweisen zu erkennen. Nicht der Coach analysiert, sondern der Klient!

Eine Zusatzausbildung als Berater (zum Beispiel mit systemisch-konstruktivistischem, oder gesprächstherapeutischem Ansatz) stellt eine Alternative dar, die ich für sinnvoll halte.

Eine Auswahl **psychologischer Qualifikationen**:

- Kommunikations-psychologische Kenntnisse und daraus folgendes Verhalten, wie einfühlsames Verstehen (Empathie), Wertschätzung, Echtheit (Kongruenz)[72]
- Lern- und Entwicklungspsychologische Kenntnisse, wie Motivationstheorien, Wertebildung
- Systemisch-konstruktivistische Denkmodelle (Konstruktion der Wirklichkeit)
- Kenntnisse über Gruppenprozesse und Sozialisierungsprozesse
- Konfliktlösungsverfahren

Folgendes **Theorie- und Methodenwissen** ist zu empfehlen für eine Anwendung des Konzeptes *Coaching und Kunst* (orientiert am Inhalt dieser Veröffentlichung):

- Theorie des Coaching/der kooperativen Beratung (Kapitel 2)
- Theorie der Kreativität (Kapitel 3)
- Theoretischer Ablauf des Coaching, der Coaching-Prozess, Interventionen
- Kreative und künstlerische Methoden (Kapitel 3 und 4)
- Zielfindungs- und Problemlöseverfahren (Kapitel 3)
- Anregende Fragestellungen und Aufgabenstellungen (Kapitel 4)

---

[72] nach SCHULZ V. THUN, ROGERS

Dennoch sei noch einmal darauf hingewiesen, dass es bisher keinen einheitlichen Ausbildungsstandard für eine Ausbildung zum Coach gibt und deshalb hier nur eine *subjektive Auswahl* an Kriterien vorgelegt wird. Aus der Auflistung der Kriterien sollen die Zusammenhänge der einzelnen Wirkungsfaktoren ersichtlich werden.

2.1.5.2 Die persönlichen Kompetenzen

Um die für ein Coaching notwendige Kooperation zu ermöglichen, hat der Coach neben seinen fachlichen Kompetenzen auch persönliche Kompetenz. „Denn eine der wesentlichen Voraussetzungen für ein Coaching ist die gegenseitige Akzeptanz und Vertrauen."[73] Das heißt, der Coach wird als Mensch von seinem Klienten akzeptiert. Um dies zu erreichen, muss er an *seiner Persönlichkeit* arbeiten. Eine unpräzise Forderung, die ich versuche im Laufe dieses Abschnitts zu präzisieren.

Jeder Coaching-Prozess lebt von den Persönlichkeiten die an ihm teilnehmen, und so ist die Person des Coaches Teil des Erfolgsfaktors. SCHREYÖGG nennt hier die **„persönliche Ausstrahlung"**[74] als ein Merkmal. Diese ist ihrer Meinung nach durch *Lebenserfahrung* zu erreichen, wobei die Fähigkeit zur **„Reflexivität"** eine große Rolle spielt. Der Coach sollte sein Verhalten reflexiv analysieren und die Gründe dafür erkennen können. Der Coach leitet schließlich im Coaching-Prozess seinen Klienten zur Selbstreflexion an. WITHMORE nennt eine Reihe von persönlichen Eigenschaften, wie geduldig, objektiv, unterstützend, interessiert, aufmerksam und zurückhaltend[75]. Durch diese Eigenschaften wird der Coach ein **guter Zuhörer**. Die wichtigste Eigenschaft, die ein Coach benötigt, um von seinem Klienten akzeptiert zu werden, ist **Kongruenz**. Wenn er seinem Klienten nicht offen gegenübertritt, wird dieser es merken und ihm kein Vertrauen mehr schenken. Es wird dann für den Coach unmöglich sein im weiteren Verlauf des Coaching-Prozesses ein Vertrauensverhältnis aufzubauen. Ebenso sollte er „auf die eine oder andere Weise die Hypothese, nach der er handeln

---

[73] RAUEN 1999, S. 152

[74] SCHREYÖGG, ASTRID: *Coaching. Eine Einführung für Praxis und Ausbildung*; Campus Verlag, Frankfurt/M 1995

[75] WHITMORE. JOHN: *Coaching für die Praxis*; Campus-Verlag, Frankfurt/M 1994

will, in sich selbst gefestigt"[76] haben. Er sollte sein Wissen anwenden können und sein Handeln begründen können. Dazu zählt, dass der Coach sich selbst gegenüber reflexiv ist und sein Verhalten ehrlich und selbstkritisch beobachtet. Eine **regelmäßige Supervision** kann hier hilfreich sein, um *blinde Flecken* aufzudecken[77]. In diesem Zusammenhang ist ebenfalls wichtig, dass der Coach **moralisch gefestigt** ist, um die ihm offenbarten Informationen vertrauensvoll zu behandeln. Der Punkt der persönlichen Kompetenzen bleibt letztlich doch diffus; eine Nennung der oben beschriebenen Eigenschaften soll an dieser Stelle ein Bewusstsein wecken und zum eigenen Hinterfragen anregen.

2.1.5.3 Professionalisierung

Des weiteren stellt sich die Frage nach einer Professionalisierung des Coaching. *Wann ist ein Coach als professionell zu bezeichnen, wann ist sein Handeln professionell?* RAUEN warnt davor, dass die Konsequenzen einer mangelnden **Professionalisierung** sich imageschädigend auf das Coaching im allgemeinen auswirken und dazu führen können, dass das Coaching im Laufe der Zeit von anderen Formen der Beratung, wie zum Beispiel der Supervision verdrängt wird.

Ein Berater – und hier übertragen ein Coach – ist nach MUTZECK dann als professionell zu bezeichnen, wenn er:
- seinen Beruf ständig ausübt
- ein in Aus- und Weiterbildungen erworbenes Wissen und Fähigkeiten zur strukturierten, an psychologisch-methodischen Gesichtspunkten orientierten Gesprächsführung besitzt
- sich durch Literaturstudium, Teilnahme an Weiterbildungen und gegebenenfalls Supervision in einem ständigen Lernprozess und Erfahrungsaustausch befindet [78]

Wenn ein Coach seinen Beruf ständig ausübt, profitiert er davon in mehrfacher Weise. Auf der einen Seite festigt er sein Wissen durch die Erfahrungen, die er im Umgang mit seinen Klienten macht. Dies stärkt sein Selbstvertrauen und sein

---

[76] ROGERS, CARL: *Die klientenzentrierte Gesprächspsychotherapie*; Fischer-Verlag, Frankfurt/M 1996, S. 58
[77] RAUEN 1999
[78] MUTZECK 1999, S. 21

Selbstverständnis als Coach wächst. Das wiederum lässt ihn authentisch und kongruent werden und wirkt sich so positiv auf den Coaching-Prozess aus. Auf der anderen Seite kann der Coach durch ständige Anwendung sein Methodenspektrum ausbauen und evaluieren. Er wird die für ihn wirksamen Methoden weiterverwenden und die Methoden die er für nicht effektiv hält nicht mehr einsetzen. Dies kann nur in einem Prozess der ständigen Weiterentwicklung erreicht werden, der einsetzt, wenn eine Person kontinuierlich als Coach arbeitet. Dieser kontinuierliche Lernprozess kann zum Beispiel durch die Teilnahme an Weiterbildungsseminaren und regelmäßigen Supervisionen unterstützt werden. Coach ist man nicht, Coach wird man! So wie der Coach bei anderen Lernprozesse initiiert, so sollte er selber auch die Bereitschaft dazu haben, ein Lernender zu sein.

Zum Schluss dieses Kapitels sei noch einmal betont, dass diese subjektive Auswahl die Richtung für eine Ausbildung zum Coach mit der Spezialisierung *Coaching und Kunst* andeuten will. Die Notwendigkeit, einen einheitlichen Qualifikationsstandard für die Ausbildung zu Coach zu definieren, ist nach wie vor gegeben und im Angesicht der momentanen Flut von Coaching Anbietern aktueller denn je! Ich verweise auf die Bemühungen der E.C.A., die sich um einen einheitlichen Ausbildungsstandard bemüht. (siehe Anhang)

2.2 Zur Konzeption des Beratungsansatzes

Welche Bereiche muss die Theorie eines Beratungsansatzes *Coaching und Kunst* abdecken, um beraterisches Handeln auf einer fundierten Basis zu gewährleisten? Diese Veröffentlichung soll nicht nur eine Methodensammlung liefern – es wird immer wieder vor „blindem Eklektizismus"[79] gewarnt – sondern soll ebenfalls die wissenschaftliche Grundlage für den Einsatz kreativer Methoden im Coaching beleuchten. MUTZECK fordert, dass eine Beratungstheorie unter anderem Aspekte wie Realitätskonzeption, Methodenkonzeption und Beziehungskonzeption berücksichtigen sollte[80]. SCHREYÖGG fordert, dass bei der Kreation von Handlungsmodellen „Theorien und Methoden auf begründete Weise in eine sogenannte Wissensstruktur integriert werden"[81] sollte. Wenn in einem Coaching gezielt Veränderungsprozesse in Gang gesetzt werden sollen, ist es wichtig sich über die den Methoden zugrunde liegende Theorie-Konzeptionen im klaren zu sein. Grundsatzfragen, wie *Welche Realität soll verändert werden, welche Beziehung geht ein Coach zu seinem Klienten ein und warum benutzt er die ausgewählten Methoden?* sollten geklärt sein.

Übereinstimmend gilt: „Eine Beratungstheorie kann als eine Art Meta- oder Schachteltheorie gesehen werden."[82] Äußerer Rahmen sind die Menschenbildannahmen, die dem Konzept zugrunde liegen und die alles beraterische Handeln beeinflussen. Darauf aufbauend gibt es eine Theorie-Ebene, die pädagogisch-psychologisch die stattfindenden Prozesse beschreibt. Wieder darauf aufbauend ist eine Methoden-Konzeption zu finden, einschließlich einer Anweisung zur Methoden-Anwendung, die wiederum in eine Praxeologie mündet.

---

[79] SCHREYÖGG 1995, S. 133
[80] MUTZECK 1999, S. 22
[81] Ebd. S. 133
[82] MUTZECK 1999 S. 29

Bezogen auf das Konzept *Coaching und Kunst* lässt sich die Struktur des Handlungsmodells folgendermaßen darstellen:

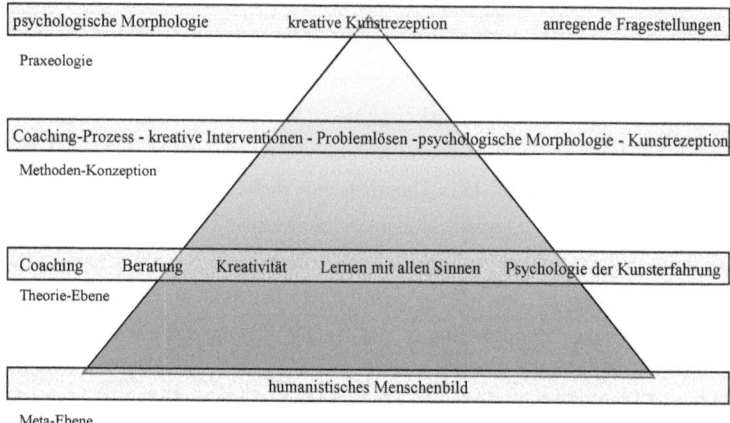

Abbildung 1: Struktur des Konzeptes

In den folgenden Kapiteln werden die oben genannten Punkte behandelt. Zunächst wird das dem Konzept *Coaching und Kunst* zugrunde liegende Menschenbild beschrieben. Weiterhin wird der Coaching-Prozess mit seinen vielfältigen Interventionsmöglichkeiten näher beleuchtet. Im 3. Kapitel werde ich auf die Punkte Kreativität und sinnliche Wahrnehmung als Grundlage für das Verständnis des kreativen Prozesses näher eingehen. Der Abschnitt Methoden-Konzeption mit den drei Schwerpunkten *psychologische Morphologie, kreative Kunstrezeption* und *anregende Fragenstellungen* wird Gegenstand des 4. Kapitels sein. Darauf folgend wird im 5. Kapitel die Praxeologie des Konzeptes vorgestellt. Im Anhang befinden sich dann *Werkzeuge* für die Anwendung in der Praxis.

2.2.1 Das Menschenbild

An dieser Stelle werde ich die Menschenbildannahmen erläutern, die Grundlage für die Entwicklung des Konzeptes *Coaching und Kunst* sind. „Diese Menschenbildannahmen dienen zur Orientierung mit dem Ziel einer regulativen und korrektiven Funktion."[83] Das Menschenbild des Coaches und auch das des Klienten sind für den Coaching-Prozess von großer Bedeutung: „....die zugrundegelegte Menschenbildkonzeption beeinflusst einen Beratungsprozess auf vielfältige Weise, z.b. wie der Berater das Gespräch strukturiert oder ob er bestimmte Beratungsbedingungen herstellt oder nicht"[84]. Auch ob der Klient sich selbst für entwicklungsfähig und sein Handeln für veränderbar hält, wird davon beeinflusst.

Aus diesem Grund halte ich es für notwendig eine Menschenbildkonzeption vorzustellen, die für die Anwendung des Konzeptes *Coaching und Kunst* und der im Folgenden vorgestellten Methoden eine Grundlage ist, bzw. sein kann.

Menschenbildkonzeption

Allen zwischenmenschlichen Interaktionen liegt ein Menschenbild zugrunde, welches das Denken, Handeln und Fühlen beeinflusst. Gerade in Beratungssituationen ist es notwendig, dass sich Berater und Klient über dieses Menschenbild im klaren sind und darüber kommunizieren, denn es gibt den Rahmen der Beratung vor und beeinflusst die Haltung des Coaches und die Methodenwahl[85]. In diesem Abschnitt werde ich die dem Konzept der kooperativen Beratung zugrunde liegende Menschenbildkonzeption vorstellen, da diese im wesentlichen alle mir wichtig erscheinenden Punkte abdeckt. (MUTZECK weist darauf hin, dass ausführliche Literatur über die Konzeption von Menschenbildern bei HERZOG 1984, KARMANN 1987, GROEBEN u.a. 1988, MUTZECK 1988 und STANGL 1989 zu finden ist.)

Das Konzept *Coaching und Kunst* orientiert sich an einem humanistischen Menschenbild, welches seine Wurzeln in der Psychologie des reflexiven Subjekts und ferner in den Ansätzen der personenzentrierten, der systemischen, der

---

[83] Mutzeck 1999, S. 30
[84] Ebd. S. 40
[85] MUTZECK 1999

kommunikationstheoretischen und der gestalttheoretischen Psychologie hat. E-
benso fließen Theorien der ästhetischen Bildung und der Kreativitätsforschung
mit ein, auf die im Kapitel 3. näher eingegangen wird.

MUTZECK fasst diese Menschenbildannahmen treffend zusammen:

„Der Mensch ist **ein ganzheitliches Wesen**, welches von seinen generellen
Möglichkeiten her (potentiell) die Fähigkeiten des Denkens einschließlich des
Entscheidens und Wollens, des Fühlens, des Sprechens und Handelns besitzt.
Bezugssystem dieser potentiellen Fähigkeiten ist dessen Körperlichkeit und Spi-
ritualität einerseits und die Umwelt, Sozialität und Historizität andererseits.
Der Mensch kann zu sich selbst in Beziehung treten (*Intra*-aktion) und zu seiner
Umwelt, insbesondere zu seinen Mitmenschen (*Inter*-aktion). Es ist **ein poten-
tiell aktives Wesen.**"[86]

MUTZECK weist darauf hin, dass dies ein „ideales Bild vom Menschen"[87] ist,
welches als *regulative Zielidee* zu sehen ist. Kein Mensch ist demnach in solcher
Vollendung entwickelt und es wäre fatal dies zu erwarten. Dennoch weist das
Menschenbild, das die Grundlage für diese Konzeption ist, die Richtung der
Entwicklung an, die ein Coaching-Prozess initiieren kann. „Es entscheidet mit
darüber, wie mit den an einer Beratung teilnehmenden Personen umgegangen
wird, d.h. welche Fähigkeiten ihnen zugestanden und welche genutzt und gefördert werden."[88] Das Wachstum und die Reifung geistiger und emotionaler Fähigkeiten ist als Anlage im Menschen vorhanden und es kommt „darauf an, Situationen zu schaffen, die ein Ausbilden und Weiterbilden fördern"[89]. So kann in
einem Coaching-Prozess gezielt die eine oder andere Fähigkeit betrachtet und
gefördert werden und als Ausgangspunkt für eine Handlungs- und Störungstheo-
rie benutzt werden.

Im Folgenden werde ich kurz vorstellen, von welchen im Menschen angelegten
Fähigkeiten [90] wir ausgehen und diese erläutern.

---

[86] Ebd. S. 41
[87] Ebd. S. 41
[88] Ebd. S. 41
[89] Ebd. S. 41
[90] orientiert an MUTZECK 1999

Reflexivität

Die Fähigkeit des Nachdenkens und Überlegens (Reflexivität) ermöglicht es dem Menschen seine Aufmerksamkeit nach innen zu richten, auf sein inneres Erleben. Dadurch kann er „vergangene Erfahrungen verarbeiten, ihnen Sinn und Bedeutung geben" und „zukunftsbezogen handeln; d.h. das menschliche Subjekt überlegt sich Ziele und Möglichkeiten zu deren Erreichung"[91]. Der Mensch ist fähig Pläne zu machen und zu diesen wiederum durch seine Erfahrungen in Distanz zu treten. Durch die Fähigkeit der Reflexivität kann der Mensch die inneren Prozesse, die zu diesen Erfahrungen führen, selbständig interpretieren. Das bedeutet, dass er „Erfahrungen reflektieren und sie zur Bewältigung von Problemen einsetzen"[92] kann. Mutzeck bezeichnet hier den Menschen als ein „reflexives Subjekt"[93].

Rationalität, Intentionalität, Sinnorientierung, Erkenntnisfähigkeit

Die Fähigkeit rational zu denken befähigt den Menschen sein Handeln zu planen. „Handeln ist somit begründbar, sinnorientiert und intentional."[94] Auch der Prozess der Zielfindung, sowie das Erreichen, bzw. nicht Erreichen von Zielen, ist vernunft- und sinnorientiert. „Abwägen, Auswählen, Sich-entscheiden und Begründen sind Teile dieses rationalen Prozesses."[95] Um sich für ein Ziel zu entscheiden sind Wissen und Erfahrung notwendig. Da Wissen „auf Grund einer individuellen reflexiven Verarbeitung der Informationen"[96] entsteht, ist Wissen immer subjektiv. Diese subjektive Sicht der Welt versucht der Mensch durch sein Handeln zu überprüfen und einzuordnen. Aus diesem Grunde richtet er sein Handeln intentional und rational aus und handelt „aus seiner Sicht sinnvoll und vernünftig"[97]. Die Fähigkeit zur Rationalität ist eng verbunden mit der Fähigkeit der Erkenntnis.

„Durch den Prozess des Erkennens, in den Wahrnehmen, Erinnern, Vorstellen, Denken, Zurückführen, Beurteilen einfließen, erwirbt das Individuum bewusste Kenntnis und Wissen von seiner Umwelt und von sich selbst und kann diese Er-

---

[91] MUTZECK 1999, S. 42
[92] Ebd. S. 42
[93] Ebd. S. 42
[94] Ebd. S. 42
[95] Ebd. S. 42
[96] Ebd. S. 42
[97] Ebd. S. 43

kenntnis in seine allgemeinen Lebenszusammenhänge einordnen und verändern."[98] Als Konsequenz ist der Mensch als Epistemologe zu bezeichnen; ein aktiv Erkennender und ein erkenntnisgeleitetes Subjekt.

Emotionalität

Der Mensch als ganzheitliches Wesen zeichnet sich nicht nur durch seine rationale, sondern auch durch seine emotionale Entwicklung aus. „Das menschliche Subjekt ist ein vernunftbegabtes wie emotionales Wesen. Es gibt „keine emotionsfreie Informationsverarbeitung."[99] Unter Emotionen werden hier „Bestimmungsmerkmale wie Gefühle, Selbstbetroffenheit, Erleben von Lust und Unlust, Stimmungen, Erlebnisse wie Freude, Ärger, Angst, Mitleid verstanden."[100] Dieser Aspekt ist gerade in einer alles rationalisierenden Wissenschaftsgesellschaft wie unserer von großer Bedeutung, da wir den Faktor Emotionalität nicht wegdenken können. Auch eine Haltung, die uns dazu bringt die Emotionalität als „lästiges Übel" anzusehen, weist hier, wie MUTZECK es ausdrückt, nicht den richtigen Weg. Gerade die emotionalen, wie auch die kognitiven Prozesse „durchbrechen den Reiz-Reaktions-Mechanismus"[101] und ermöglichen *menschliches* Handeln. Wenn man den Menschen verstehen will, sind alle mentalen Prozesse (Emotionen, wie auch rationale Vorgänge) zusammen, als Einheit zu betrachten.

Verbalisierungs- und Kommunikationskompetenz

Der Mensch ist als sprachbegabtes Wesen in der Lage, mit anderen in Kommunikation zu treten und „seine Gedanken, seine Gefühle und seinen Willen zum Ausdruck bringen."[102] Dies gilt für „Äußeres, Beobachtbares" und für „Inneres, verbal Rekonstruierbares (Gedanken, Gefühle)"[103]. Dieses Ausdrücken und Mitteilen von Erlebtem ist ein Grundbedürfnis des Menschen. Um sinnhaftes, intentionales Verhalten nachvollziehbar zu machen, muss es verbalisiert, oder auf anderem Wege mitgeteilt werden. Das *Richtig-Verstehen* wird gewährleistet, wenn

---

[98] Ebd. S. 43
[99] Ebd. S. 43
[100] Ebd. S. 44
[101] Ebd. S. 44
[102] Ebd. S. 44
[103] Ebd. S. 44

die empfangenen Informationen geprüft werden. Im Coaching kann dies geschehen, indem der Coach die Antworten des Klienten noch einmal mit seinen eigenen Worten formuliert; z.B. als empathische Frage. „Demzufolge ist es wichtig, den erkennenden, reflexiven und verbalisierungsfähigen Subjekten ausreichende Möglichkeiten zu geben, ihre internalen mentalen Prozesse in ihrer Sprache selbst zu artikulieren und zu interpretieren."[104]

Handlungskompetenz

Menschliches Verhalten besteht aus Aktion und Reaktion. Der Mensch reagiert nicht nur auf Umweltreize, sondern handelt auch aus Eigenantrieb, aus sich selbst heraus. Er ist in der Lage „selbstbestimmt zu handeln"[105]. Handeln beruht, nach MUTZECK, auf Rationalität, Reflexivität und Emotionalität und hat ein produktives Realisieren zur Folge. „So ist der Mensch potentiell als ein aktiv gestaltendes, sich selbst steuerndes und kontrollierendes, sinnsuchendes und – schaffendes Wesen zu sehen und von seinen Möglichkeiten her nicht als ein Objekt, welches durch Triebe oder durch Umweltreize nur reagieren kann."[106] Dies legt nahe, dass der Mensch seine Wünsche, Intentionen und Ziele neben dem Verbalisieren auch Realisieren kann, bzw. Schritte in Richtung Realisierung gehen kann. Dies hat natürlich auch Grenzen (wie etwa Krankheit und Tod) doch es obliegt im Coaching nicht dem Coach diese Grenzen zu stecken. Er kann lediglich nach- und hinterfragen, ob der Klient sein Ziel auch für erreichbar hält.

Autonomie

Der Mensch ist in der Verbalisierung von Gedanken, Wünschen und Gefühlen, wie auch in der Realisierung von Zielen autonom, das heißt von anderen Personen unabhängig. „Er kann von seinen prinzipiellen Möglichkeiten her seine Entscheidungen selbständig, ohne andere Personen, aus eigener Vernunft und Kraft treffen."[107] Diese Autonomie anzuerkennen ist wesentliche Voraussetzung für den Beratungsprozess, denn erst dadurch wird die Absicht *Hilfe zur Selbsthilfe* zu geben gerechtfertigt. Der Coach sieht seinen Klienten als potentiell unabhängiges Wesen, der seine Probleme selbständig lösen kann. Alle Interventionen

---

[104] Ebd. S. 45
[105] Ebd. S. 45
[106] MUTZECK 1999, S. 45
[107] Ebd. S. 46

des Coaches zielen darauf ab, dass dem Klienten diese Autonomie (wieder) bewusst wird.

Die oben aufgeführten Menschenbildannahmen bilden das Fundament für die folgende Theorie und die Anwendung von Methoden. Ich behaupte, dass nur wenn ein Coach seinem Klienten diese menschlichen Fähigkeiten zuschreibt, er offen genug sein wird, um Entwicklung anzuregen. Andernfalls wird er durch seine Einstellung die Entwicklung seines Klienten blockieren und sich ihm gegenüber in einer Weise verhalten, die beiden nicht dienlich ist. MUTZECK warnt hier vor dem *Burnout* des Beraters oder dem Gefühl ein *hilfloser Helfer* zu sein. Der Coach muss sich einer (dieser?) Menschenbildkonzeption als Grundlage für sein Handeln bewusst sein und diese auch seinem Klienten transparent machen können.

Dennoch geht es immer noch um *potentielle* menschliche Fähigkeiten: „Kein Mensch handelt immer bewusst und subjektiv vernünftig."[108]

2.2.2 Der Coaching-Prozess

Grundsätzlich lässt sich festhalten, dass Coaching eine *zeitlich begrenzte Maßnahme* ist. Obwohl jedes Coaching einen individuellen Verlauf hat, da jeder Klient durch seine persönlichen Anforderungen den Coaching-Prozess individuell prägt, lassen sich darüber hinaus übereinstimmende Merkmale feststellen. RAUEN hat nach der Analyse von zehn Coaching-Ansätzen den exemplarischen Ablauf eines Coaching-Prozesses aufgestellt.

Er teilt den Ablauf des Prozesses in **acht Phasen**. Die Phasen bauen aufeinander auf und lassen sich nicht in jedem Fall scharf voneinander abgrenzen. Aus diesem Grund ist in der Praxis von einer Abweichung auszugehen. Zum Zwecke der Analyse und zum Aufzeigen welche Methoden wann angewendet werden können, werde ich mich im weiteren Verlauf dieser Veröffentlichung auf den im Folgenden beschriebenen Ablauf beziehen, der im Wesentlichen der von der E.C.A. erarbeiteten Empfehlung entspricht.

---

[108] Ebd. S. 46

Phase 1 – Wahrnehmung des Bedarfes: Brauche ich einen Coach?

Ein Coach wird kontaktiert, wenn eine Person den Bedarf nach Veränderung und persönlicher Weiterentwicklung bei sich feststellt. In der Literatur wird häufig auf die besondere Situation von Führungskräften hingewiesen. Wichtig in diesem Zusammenhang ist die **Freiwilligkeit**, mit der eine Person in einen Coaching-Prozess einsteigt. „Es ist von entscheidender Bedeutung für die Erfolgsaussichten des Coaching, dass ein Manager freiwillig und ehrlich vor sich selbst zu dem Schluss kommt, die Hilfe eines Außenstehenden für seine Weiterentwicklung suchen und annehmen zu wollen."[109] Ebenso gilt dies natürlich auch für jede andere Person, jeden *nicht-Manager*. Die Anlässe für ein Coaching können vielfältig sein. „Der häufigste und naheliegendste Anlass ist eine Krise, die als *akute* oder *schleichende* Krise die Freude an beruflichen Aktivitäten mindert, Gefühle von *Überrolltsein* erzeugt oder sogar mehr oder weniger gravierende psychische und/oder somatische Beschwerden verursacht. In vielen anderen Fällen taucht der Wunsch nach Coaching aber auch in *Ruhestadien* auf, wo Menschen ihre beruflichen Aktivitäten intensivieren und erweitern, also umfassender ausgestalten wollen."[110] Der Coach wird kontaktiert und es wird ein Termin für ein erstes Informationsgespräch vereinbart.

Phase 2 – Informationsgespräch

In diesem ersten, kostenlosen Informationsgespräch versucht der Kunde herauszufinden, ob der Coach mit seinem Angebot der Richtige ist. Der Coach wiederum versucht ebenfalls zu prüfen, ob er die Person coachen kann und möchte. In dieser Phase sind zwei Aspekte von Bedeutung:

1. **Ist der Coach der Richtige?** Da es eine große Anzahl von Coaching-Anbietern mit den unterschiedlichsten Qualifikationen gibt, gilt es zu prüfen, ob dem Kunden der Ansatz des Coaches qualifiziert genug erscheint, ob er sich auf den Coach und seine Methoden einlassen will und ob er ihm die Kompetenzen zutraut, die er von ihm erwartet. RAUEN spricht an dieser Stelle von „persönlicher Akzeptanz"[111].

---

[109] ROTH/ BRÜNING/ EDLER 1995, S. 207
[110] SCHREYÖGG 1995, S. 226
[111] RAUEN 1999, S. 163

2. Ist für die Person, die sich verändern will, ein Coaching das Richtige?

Wenn der Coach das Gefühl hat, dass ein Coaching für die Person, die ihn kontaktiert hat, nicht das Richtige sei, sollte er es ablehnen die Person zu coachen. Für diese Entscheidung gibt es keine genauen Regeln. SCHREY-ÖGG zählt einige Situationen auf, in denen ein Coaching nicht die richtige Maßnahme ist: bei starken Suchtphänomenen, psychotischen Zuständen und wenn äußere Rahmenbedingungen, wie Ressourcen-Mangel und wirtschaftliche Krisen ein erfolgreiches Coachng unwahrscheinlich werden lassen. In solch einem Fall sollte der Coach seine Grenzen erkennen. RAUEN spricht davon, dass die Voraussetzungen für ein Coaching gegeben sein müssen (Freiwilligkeit, Unabhängigkeit, Diskretion, Kooperation).

Ist dieses Informationsgespräch positiv verlaufen, wird ein Termin für ein Erstgespräch vereinbart.

Phase 3 – Erstgespräch

Das Erstgespräch ist von entscheidender Bedeutung für den Verlauf des Coaching-Prozesses und kann in zwei Abschnitte aufgeteilt werden.

1. Es wird noch einmal geklärt, ob die **Voraussetzungen für ein Coaching** gegeben sind und eventuelle Fragen zu Methodik und Ansatz des Coaches werden beantwortet. Der Grundstein für eine Vertrauensbasis wird gelegt, indem sich Coach und Klient kennenlernen, gegenseitige Erwartungen offenlegen und Möglichkeiten und Grenzen des Coaching besprechen.

2. Es wird ein Vertrag geschlossen, der formale und psychologische Aspekte einschließt. **Der formale Kontrakt** legt die Modalitäten von Leistungserbringung, Honorar, Dauer und Ort der Treffen, Risikoverteilung und Haftung fest. Er dient als Konfliktregelung und als Beziehungsbeschreibung. Der Coach ist per Gesetz nicht der Schweigepflicht unterworfen, daher sollte das ein expliziter Bestandteil des Kontraktes sein, um dem zukünftigen Klienten eine notwendige Sicherheit zu geben.

   Der psychologische Vertrag wird geschlossen, um Richtung und Rahmen für den Coaching-Prozess festzulegen. „Es geht darum, die spezielle, individuelle Arbeitsbeziehung zu klären, die Art und Weise des Vorgehens abzustimmen und transparent zu machen und Spielregeln und Gren-

zen festzulegen. Besonders wichtig ist ferner die Zielsetzung und –
formulierung"[112]. RAUEN gebraucht an dieser Stelle den Ausdruck „Ar-
beitsbündnis"[113].

Phase 4 – Klärung der Ausgangssituation

Zunächst wird mit einer Situationsanalyse begonnen. Der Klient beschreibt den
Ist-Zustand, in dem er sich momentan befindet. Die Analyse beschränkt sich
nicht nur auf Fakten und Gegebenheiten im Umfeld des Klienten. Der Coach
regt den Klienten ebenfalls an, in der Beschreibung der beruflichen und persönlichen Situation seine Einstellungen und Emotionen deutlich hervortreten zu lassen. „Dadurch erlangt er ein Gefühl für das Ausmaß des „ego involvement", der
Anteilnahme und Bewußtheit der tatsächlichen Gegebenheiten und Einstellungen des Klienten"[114] Weiterhin ist es möglich eine **Analyse der Stärken und
Schwächen** des Klienten zu machen, z.B. mit Methoden der *psychologischen
Morphologie* oder der *kreativen Kunstrezeption*, wie sie im 4. Kapitel beschrieben werden.

Diese Phase 4 des Coaching-Pozesses kann ebenfalls Teil des ersten Zusammen-
treffens sein. Die Arbeit an den Schwächen und Defiziten (die der Klient als solche definiert) kann jedoch auch Hauptthema des weiteren Coaching-Prozesses
werden und mehrere Sitzungen über bearbeitet werden; z.B. mit Hinblick auf die
Klärung des gewünschten Soll-Zustands.

Phase 5 - Zielbestimmung

Als nächstes wird der **Soll-Zustand** beschieben, in dem sich der Klient zukünf-
tig befinden möchte. Der etwas technisch anmutende Begriff *Soll-Zustand* kann
auch übersetzt werden mit *Wunsch-Zustand*. Es werden die erwarteten Ziele,
Teilschritte und mögliche Realisierungswege thematisiert. Ein Ziel sollte u.a.
Eigenschaften haben, die eine Erreichbarkeit überprüfbar machen. Erfolgskriterien für Ziele sind zum Beispiel die von WITHMORE aufgestellten Eigenschaften
SMART, PURE und CLEAR (z.B. erreichbar, positiv formuliert, akzep-

---

[112] ROTH/ BRÜNING/ EDLER 1995, S. 208
[113] RAUEN, S. 168
[114] ROTH/ BRÜNING/ EDLER 1995, S. 208

tiert,...)[115]. Es kann zu einem Zielkonflikt kommen, wenn mehrere Ziele bestehen, die widersprüchlich zueinander sind. (z.b. mehr Freizeit und gleichzeitig mehr Lohn könnten sich beißen) Hier hat der Coach die Aufgabe auf Unstimmigkeiten zu achten und ggf. darauf hinzuweisen. Diese Phase dient jedoch in erster Linie der Klärung. Im weiteren Verlauf des Coaching-Prozesses können systematisch Lösungen und Handlungsoptionen erarbeitet werden. Der „Übergang von der Festlegung der Ziele über die Entwicklung der Lösungswege bis hin zu den Interventionen relativ fließend."[116] Das Erreichen, oder Teil-Erreichen des Soll-Zustands ist zumeist auch Ziel des Coaching-Prozesses. Die Ergebnisse dieser Phase werden schriftlich festgehalten um Veränderungen dokumentieren zu können und um eine Evaluation des Coaching-Prozesses zu ermöglichen.

Das Tempo wird in dieser Phase vom Klienten bestimmt. Die Phase ist dann abgeschlossen, wenn der Klient das Gefühl hat, seine Situation und seine Vorstellungen von einer Veränderung vollständig beschrieben zu haben und wenn der Coach sich ein erstes Bild davon gemacht hat. Auch das zu erreichende Ziel kann schriftlich festgehalten werden, z.B. in einem psychologischen Vertrag.

Phase 6 – Interventionen

Um den Klienten bei der Umsetzung seiner Vorhaben zu unterstützen, wendet der Coach **Interventionen** an. Wenn der Coach interveniert, wendet er Techniken und Methoden an, um auf die momentane Situation des Klienten einzuwirken und ggf. einen Veränderungsprozess zu initiieren.

In Kapitel 3.2.4. wird das Thema Interventionen im Coaching-Prozess ausführlich behandelt.

Phase 7 – Evaluation

Das Erreichen der Ziele und die Wirksamkeit der Interventionen wird während des Coaching-Prozesses in einem fortlaufenden Prozess evaluiert. Ist der Klient der Meinung das Ziel sei erreicht, dann ist der Coaching-Prozess zumeist auch beendet. Ist der vereinbarte Zeitraum abgelaufen, oder die Halbzeit erreicht,

---

[115] WITHMORE 1994, S. 64
[116] RAUEN 1999, S. 174

sollte ebenfalls überprüft werden, ob das, oder die angestrebten Ziele erreicht wurden, oder nicht. Nach den Erfolgskriterien der von WITHMORE aufgestellten Eigenschaften SMART, PURE und CLEAR für Ziele sollte die Evaluation eines Zieles möglich sein.[117] (vergl. Kapitel 3.2.2) Es gilt ebenfalls die im Coaching-Prozess verwendeten Maßnahmen und Interventionen zu bewerten und auf ihre Wirkung hin zu überprüfen. Nach RAUEN ist dabei die subjektive Wahrnehmung des Klienten und des Coaches entscheidend.

Phase 8 –Abschluss und Transfer
Coach und Klient entscheiden gemeinsam, wann das Coaching beendet ist. Eine letzte Sitzung sollte jedoch immer stattfinden, unter Umständen kostenfrei. Der letzte Kontakt sollte ein ehrliches Resümee über Verlauf und Ergebnis des Coaching sein. Für den dauerhaften Erfolg des Coaching kann es notwendig sein, dass der Coach für eine weitere Begleitung seinem Klienten zur Verfügung steht, bzw. seinem Klienten nicht das Gefühl gibt *fallen gelassen* zu werden. Deshalb bieten viele Coaches ihren Klienten an, auch nach Beendigung des Coaching, im Bedarfsfall zur Verfügung zu stehen (Krisentelefon). Ein weiterer Aspekt der Abschlussphase ist, dass ein Transfer von im Coaching-Prozess entwickelten Verhaltensweisen und Erkenntnissen in den Alltag stattfinden muss. Deshalb findet schon während des Coaching eine sogenannte Transferarbeit statt. Der Klient soll zwischen den Sitzungen neue Verhaltensweisen im beruflichen oder auch im privaten Alltag erproben, wobei auftretende Unsicherheiten im Rahmen der nächsten Sitzung besprochen werden können.

Der Coaching-Prozesses lässt sich wie folgt darstellen:

---

[117] WITHMORE 1994, S. 64

Der Coaching-Prozess

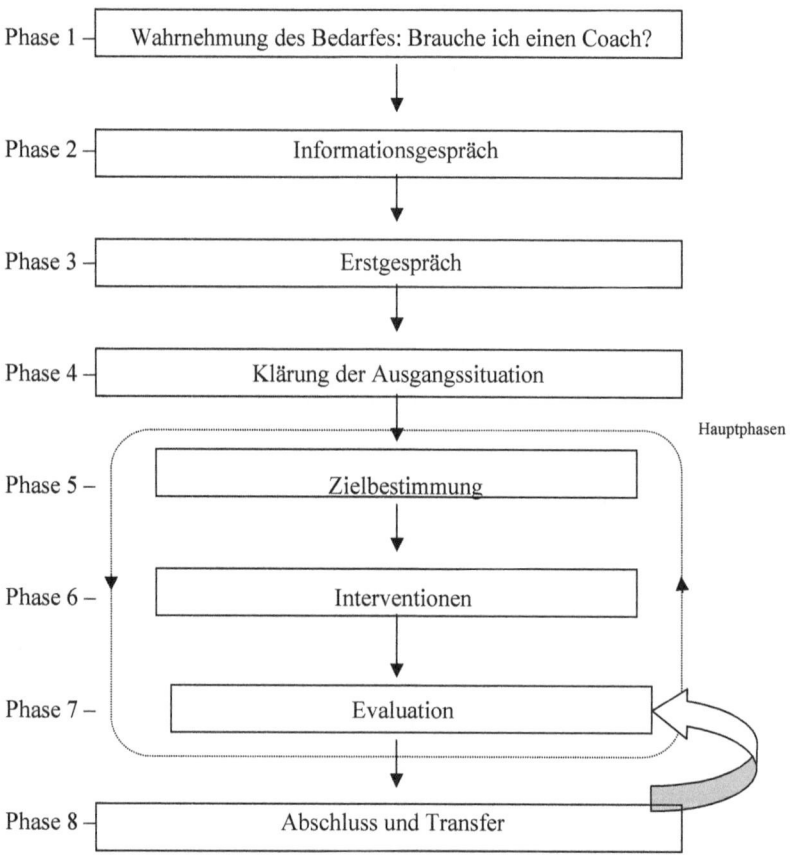

Abbildung 2: Der Coaching-Prozess

Zielbestimmung, Interventionen und Evaluation wiederholen sich im Coaching-Prozess zumeist in fließendem Wechsel. Es wird versucht die Aktualität des Ziels zu überprüfen, die für die momentane Situation geeigneten Interventionen zu finden, durchzuführen und zu bewerten. Der Transfer in den Alltag ist Teil der Bewertung und führt bei Erfolg zum Abschluss des Coaching-Prozesses.

3. Kreativität im Coaching-Prozess

Der Begriff *Kreativität* ist modern und populär. Alles und jeder muß kreativ sein, um in einer sich ständig verändernden Umwelt bestehen und überleben zu können. KARL-HEINZ BRODBECK behauptet sogar: „Leben und kreativ-sein ist dasselbe."[118] Die Fähigkeit zur Kreativität ist in uns Menschen angelegt und jeder kann sie benutzen. Kreativ zu sein ist eine Handlung, die jeder Mensch, unabhängig seines Alters und seiner Intelligenz, ausüben kann. Als *kreativ* werden besondere Eigenschaften einer Handlung bezeichnet. Eine Handlung ist unter anderem dann *kreativ*, wenn durch sie *etwas Neues* geschaffen wird. Kreatives Handeln bekommt in unserer immer komplexer werdenden Welt eine immer größere Bedeutung, da nur mit Kreativität die tägliche Reizüberflutung und Informationsschwämme zu bewältigen (auszuhalten) ist. Ebenso wird Kreativität am Arbeitsplatz immer mehr gefordert. Nach einer Umfrage des STAUFENBIEL-INSTITUTES von 1999 steht Kreativität bei Unternehmen hoch im Kurs. Unter den ersten zehn Plätzen der als Soft Skills bezeichneten Eigenschaften die von Berufseinsteigern erwartet werden, stehen solche, die direkt oder indirekt mit Kreativität in Verbindung stehen. DANIEL GOLEMAN prophezeit, dass nur die Unternehmen, die es schaffen Kreativität in den Arbeitsalltag zu integrieren, auf dem globalen Weltmarkt überleben werden. „Ohne Imagination und Vision kann sich kein Unternehmen auf längere Sicht eine gute strategische Position im globalen Wettbewerb verschaffen."[119] Jedoch erst das Wissen, wie Kreativität funktioniert, macht sie bewusst einsetz- und planbar.

Im folgenden Kapitel 3.1. werde ich näher auf die Voraussetzungen eingehen, die Kreativität ermöglichen und ein Modell des kreativen Prozesses beschreiben.

---

[118] BRODBECK, KARL-HEINZ: *Entscheidung zur Kreativität*; Wissenschaftliche Buchgesellschaft, Darmstadt 1995, S. 25
[119] GUNTERN, GOTTLIEB: *Der kreative Weg*; Verlag f. moderne Industrie, Zürich 1995, S. 56

3.1 Kreativität

3.1.1 Voraussetzungen für Kreativität

Eine Untersuchung zur Fragestellung „Ist Kreativität messbar?" hat ergeben, dass „die üblichste Definition von Kreativität lautet, sie sei das Auftreten ungewöhnlicher oder ungebräuchlicher, aber angemessener Reaktionen."[120] Die *Angemessenheit* der Handlung wird als Kriterium benutzt, um zwischen kreativen und unsinnigen Handlungen zu unterscheiden.

Ungewöhnlich bedeutet in diesem Zusammenhang, dass immer eine gewisse *Originalität* vorhanden sein muss, damit eine Handlung kreativ genannt werden kann. Was originell, aber immer noch angemessen ist und was nicht, ist unter anderem abhängig vom *sozialen Umfeld*, in dem diese Handlung stattfindet. In Japan wird eine kreative Handlung anders bewertet als in Europa. Was ebenfalls eine Rolle spielt, ist die *Wirksamkeit* einer Handlung. Eine Handlung kann ungewöhnlich, aber ohne Bedeutung für den Rest der Menschheit sein. „Der kreative Akt hat eine wesentliche soziale Dimension"[121], behauptet GOLEMAN. Für jeden kreativen Akt, der eine Wirkung erzielen soll, muss es eine Zielgruppe geben; ansonsten wird sich die Neuerung, die damit verbunden ist, nicht durchsetzten. Aus diesem Grund ist festzuhalten, dass Kreativität in einem *sozialen Kontext* stattfindet. Dennoch findet Kreativität auch im Verborgenen statt. Ihre Wirkung verpufft nur, wenn sie nicht im sozialen Kontext bekannt wird. GOLEMAN folgert deshalb: „Auf jeden Fall ist Kreativität nicht auf das Individuum beschränkt."[122]

Das soziale Umfeld eines Individuums hat Auswirkungen auf dessen Kreativität. Die Reaktionen der Mitmenschen auf die kreativen Äußerungen eines Individuums beeinflussen dessen Motivation die kreativen Einfälle weiterzuverfolgen. Sind diese Reaktionen ständig negativ, kann es dazu kommen, dass die Person ihre Kreativität als Quell von Ärger und Frust empfindet und deshalb die kreativen Äußerungen einstellt. GOLEMAN führt an dieser Stelle das Beispiel von Schulkindern im Kunstunterricht an. Wenn der Unterricht den Kindern perma-

---

[120] ZIMBARDO, PHILIP G.: *Psychologie*; Springer Verlag, Berlin 1995, S. 537
[121] GOLEMAN, DANIEL: *Kreativität entdecken*; Deutscher Taschenbuch Verlag, München 1999, S. 26
[122] Ebd. S. 27

nent ein *den Anforderungen nicht genügen* vermittelt, verlieren die Kinder recht bald die Lust an der vormals geliebten kreativen Tätigkeit. Ein Ergebnis kann aber auch absolut neu, auf völlig neuartige Weise hervorgebracht worden sein und dennoch nicht als kreativ bezeichnet werden, weil es auf die Menschen abstoßend und negativ wirkt. Ein Produkt wird nicht kreativ genannt, wenn es einer Mehrheit abgelehnt wird. Wie das Umfeld reagiert ist also von großer Bedeutung für die Bewertung einer kreativen Handlung. Ebenso kann das soziale Umfeld auch Verstärker für Kreativität sein. Interesse und Aufmerksamkeit sind *Düngemittel* für die Kreativität einer Person. Auch ein gesunder Wettstreit zwischen Personen oder Gruppen kann sich als Ansporn auswirken, der kreative Ergebnisse in potenzierter Form hervorbringt.

Eine Möglichkeit um festzustellen, wo kreative Stärken einer Person liegen, ist, **das soziale Umfeld** dieser Person zu untersuchen. *Wo tritt hier in welchem Zusammenhang Kreativität verstärkt auf?* Kreativität ist ebenfalls keine „Allround-Fähigkeit"[123]. Kreativität zeigt sich zumeist auf einem bestimmten Gebiet, das als Fachgebiet einer Person gesehen werden kann. Jemand, der auf einem Gebiet häufig kreative Ideen hat, hat kaum ebenso viele kreative Ideen auf allen anderen Gebieten. Eine wichtige Komponente, damit Kreativität entstehen kann, ist Wissen.

Das Fachwissen, das eine Person auf einem Gebiet hat, „ist die Summe jener Fähigkeiten, dank derer wir ein Gebiet beherrschen"[124]. Dieses Fachwissen ermöglicht die Untersuchung verschiedener Alternativen. Ohne Wissen kann nur *kindliche* Kreativität stattfinden. Ein zielloses Herumstochern und Entdecken ist die Folge. Dies ist nicht weiter tragisch, solange kein Ergebnis erreicht werden soll. Je öfter jedoch Kreativität stattfinden soll, desto wichtiger ist der Faktor Fachwissen. Ebenso zählt zu diesem Faktor, wie sehr eine Person ein *Handwerk* beherrscht. Darunter ist das angewandte Wissen zu verstehen, das eine Person befähigt, bestimmte Handlungen sicher auszuführen. Das kann ein im ursprünglichen Sinne gelerntes Handwerk wie Bäcker sein, aber auch der Umgang mit Computerprogrammen oder die Anwendung von Methoden kann als Handwerk verstanden werden.

---

[123] Ebd. S. 29
[124] Ebd. S. 33

Ein weiterer wichtiger Punkt ist **die kreative Denkfähigkeit.** „Zu der kreativen Denkfähigkeit gehört die Fähigkeit eine größere Zahl von Möglichkeiten durchzuspielen, sich lange auf ein Problem zu konzentrieren und hohe Ansprüche an die eigene Arbeit zu stellen."[125] Aber auch die Fähigkeit, verschiedene Perspektiven einzunehmen, Mut zu unkonventionellen Lösungen zu haben und diese dann notfalls auch alleine weiterzuverfolgen gehört dazu. Aspekte der kreativen Denkfähigkeit sind *Ausdauer, Konzentrationsfähigkeit, Neugier, Mut und flexibles Denken.*

Um all dies in eine Tätigkeit einzubringen, muss eine Person **intrinsische Motivation** besitzen. Die intrinsische Motivation ist der Antrieb, eine Tätigkeit um ihrer selbst willen zu tun und nicht, weil jemand anders es angeordnet hat. Kreativität kann sich gut entwickeln, „wenn Menschen durch das reine Vergnügen an dem, was sie tun, motiviert sind."[126]

Extrinsische Motivation kann (bei Erwachsenen) die Kreativität jedoch auch zusätzlich verstärken. Extrinsische Motivation findet statt, wenn die Eigenmotivation von außen, zum Beispiel durch eine andere Person, verstärkt wird. Dies kann, wie oben schon erwähnt, durch Anreize wie Belohnungen oder Wettstreit geschehen. GOLEMAN berichtet von miteinander konkurrierenden Teams, die sich durch die Konkurrenzsituation gegenseitig zu Höchstleistungen anspornen. Es ist jedoch wichtig, dass sich die Menschen frei dazu entschließen, die Herausforderung anzunehmen. Werden sie dazu gezwungen, kann es sein, dass ihre Kreativität gehemmt wird. Nach STOLLE ist Kreativität ein „willentlicher, bewusster Akt"[127].

Die äußeren Bedingungen können sich auf Kreativität also beflügelnd oder hemmend auswirken. GOLEMAN weist an dieser Stelle auch auf die Bedeutung der **räumlichen Umgebung** hin. Ein Arbeitsplatz kann anregend gestaltet werden, dass er das kreative Schaffen eines Menschen fördert. Ein Versuch mit Ratten hat die Bedeutung räumlicher Umgebung für die Entwicklung der Kreativität deutlich gemacht: „Tiere, die in einer eintönigen Umgebung (einem flachen, undurchsichtigen Käfig ohne jedes Zubehör) aufwuchsen, entwickelten wesentlich kleinere Gehirne als Tiere, denen man in ihrem Käfig eine vielfältige Umwelt

---

[125] GOLEMANN 1999, S. 35
[126] Ebd. S. 36
[127] STOLLE, JÜRGEN: *Kreativitätstechniken. Kreativität und Techniken – (k)ein Widerspruch!?*; im *Handbuch Sozialmanagement*, Rabbe Verlag, Düsseldorf 1996, S. 4

mit Leiterchen, Höhlen, mehreren Etagen und Gegenständen zum Spielen ange-
boten hatte."[128] Eine anregende räumliche Umgebung kann Kreativität fördern.
Ebenso sollte sie der Kreativität nicht im Wege stehen. Ein überfüllter, mit uner-
ledigter Arbeit vollgestapelter Tisch kann leicht zum Kreativitätskiller werden.
Es macht keinen Spaß, an so einem Platz zu arbeiten und die Arbeit kann zum
Frustakt werden.

Warum der Spaß-Faktor bei der Kreativität eine große Rolle spielt, liegt auf der
Hand: Aus Spaß und „Liebe zu einer bestimmten Tätigkeit erwächst Ausdauer.
Menschen, die sich einer Beschäftigung mit Leidenschaft widmen, geben nicht
so rasch auf."[129] Ausdauer ist entscheidend, wenn ein kreativer Prozess Erfolg
bringen soll. Ausdauer und Durchhaltevermögen entscheiden darüber, ob die
unvermeidlichen Durststrecken und Fehlschläge überwunden werden oder nicht.
CSIKSZENTMIHALYI hat festgestellt: „Kann man den Berichten kreativer Denker
und Künstler Glauben schenken, so ist eine ansprechende Umgebung oftmals
die Quelle für Inspiration und Kreativität."[130] Die Bedeutung der räumlichen
Umgebung darf somit nicht unterschätzt werden.

Eine weitere Fähigkeit, die unter anderem kreatives Problemlösen ermöglicht,
ist die Fähigkeit zur **selektiven Kodierung**. Diese Fähigkeit ermöglicht es dem
Menschen, „aus irrelevanten Daten wichtige Informationen herauszufiltern."[131]
Der Grund dafür ist, dass die meisten Informationen, die Menschen zu einem
Problem erhalten, von geringem oder überhaupt keinem Nutzen sind, wobei hin-
gegen einige wenige Informationen von sehr großer Bedeutung sind.

Ähnlich verhält es sich mit der Fähigkeit zur **selektiven Kombination**.
GOLEMAN beschreibt sie als Fähigkeit, „die relevanten Informationen richtig zu-
sammenzustellen, nachdem man sie entdeckt hat."[132] So entsteht etwas Neues,
Kreatives oft dadurch, dass zum Teil bekannte Fakten (Informationen) *einfach
nur* neu angeordnet werden. Die Fähigkeit zur selektiven Kombination wird zum
Beispiel durch die sogenannte Kopfstand-Technik angesprochen. Sie hilft, ein

---

[128] VESTER, FREDERIC: *Denken, Lernen Vergessen*; Deutscher Taschenbuchverlag, München
1978, S. 87
[129] STOLLE, JÜRGEN 1996, S. 37
[130] CSIKSZENTMIHALYI, MIHALY in: PSYCHOLOGIE HEUTE 2/1999, S. 27ff
[131] STOLLE 1996, S. 41
[132] Ebd. S. 41

Problem von einer anderen Perspektive zu betrachten, indem man die Gegenposition einnimmt. Daraus ergeben sich Fragestellungen, die sogenannte *blinde Flecken* aufdecken, die man vorher nicht wahrgenommen hat.

Als eine dritte wichtige Bedingung nennt GOLEMAN die Fähigkeit, **Vergleiche und Analogien herzustellen.** Dadurch werden „Dinge in einem neuen Kontext oder aus einer völlig ungewohnten Perspektive"[133] betrachtet. Durch den Mut, ungewöhnliche Vergleiche herzustellen, sind viele berühmte Erfindungen gemacht worden.

All die oben genannten Bedingungen und Fähigkeiten isoliert betrachtet ergeben noch keine Kreativität.

Erst, wenn ein Wechselspiel zwischen den einzelnen Faktoren stattfindet, kann es zu einem kreativen Prozess kommen.

3.1.2 Der kreative Prozess

Der kreative Prozess findet, nach GOLEMAN, immer in ähnlicher Weise statt. Er durchläuft vier Phasen die zum Teil fließend ineinander übergehen. Wenn auch die einzelnen Phasen sehr individuell ausgeprägt sind, lässt sich der kreative Prozess und seine Phasen wie folgt beschreiben:

1. Vorbereitungsphase:

Man vertieft sich in das Problem oder die Aufgabenstellung und verschafft sich alle Informationen, die damit zu tun haben könnten. An dieser Stelle findet keine Wertung statt, der Phantasie sind keine Grenzen gesetzt und es „geht darum möglichst unterschiedliche Daten zusammenzutragen, damit sich ungewöhnliche und unerwartete Verknüpfungen ergeben können."[134] Dennoch findet in dieser Phase überwiegend konvergentes Denken statt. Logik und Rationalität helfen alle Eventualitäten zu durchdenken. Die Fähigkeit zur selektiven Kombination ist an dieser Stelle ebenfalls von Bedeutung. Ebenso fällt der Frustration eine entscheidende Rolle zu, denn jede Informationssammlung stößt an Grenzen. Die Höhe der Frustrationsschwelle sowie der Umgang mit der Frustration sind entschei-

---

[133] Ebd. S. 42
[134] Ebd. S. 17

dend für den Fortgang des kreativen Prozesses. Ist die Frustrationsschwelle niedrig, so ist eine Person schnell frustriert. Sie bricht dann wahrscheinlich in einem frühen Stadium bei den ersten Anzeichen von innerem Wiederstand die Informationssammlung ab. Ist die Frustrationsschwelle hingegen hoch, wird eine Person länger auf der Suche nach Informationen bleiben und wahrscheinlich auch viele ungewöhnliche Informationen sammeln.

2. Inkubationsphase

Wenn alle relevanten Aspekte betrachtet und alle notwendigen Informationen gesammelt sind, stößt man an die Grenzen der Vernunft. Dann „können Sie das Problem sich selbst überlassen."[135] Diese Phase zeichnet sich eher durch Passivität als durch Aktivität aus. Man gibt dem Unbewussten die Gelegenheit sich mit dem Problem auseinander zu setzen. Das Unbewusste zensiert nicht, so wie es das Bewusstsein tut, „so dass sich die Ideen dort in bunter Mischung zu unbekannten Mustern und überraschenden Zusammenstellungen verbinden können"[136]. Entweder man überlässt das Ergebnis dem Zufall, es kann sich dann nach einiger Zeit zum Beispiel als **Intuition** äußern oder man versucht dem Unbewussten mit verschiedenen Methoden *auf die Sprünge* zu helfen. GOLEMAN erwähnt die Methode der *zufallsgelenkten Tagträume*. Man gibt sich bewusst Träumereien hin, um ein Ergebnis zu erhalten. Wenn wir an nichts besonderes denken - beim Tagträumen zum Beispiel - sind wir empfänglicher für die „Erkenntnisse des Unbewussten"[137]. Er nennt diesen Zustand auch *Vertiefung*. Für CZICKSENTMIHALY entspringt diesem Zustand auch *Flow* – ein Gefühl der Selbstvergessenheit und des Glücklichseins. In dieser und in der nächsten Phase steht **divergentes, intuitives Denken** im Vordergrund.

---

[135] STOLLE 1996, S. 19
[136] Ebd. S. 19
[137] Ebd. S. 21

3. Eingebung

Die Eingebung tritt ein, wenn das Unbewusste eine Lösung gefunden hat. Dies kann sich zum Beispiel als vage Intuition, oder als ein sogenannter Geistesblitz bemerkbar machen. Archimedes schrie laut „Heureka", als er auf die Idee kam, wie er mittels Wasserverdrängung das Gewicht einer Goldkrone bestimmen konnte. Das Glücksgefühl, welches Menschen dabei durchströmt, kommt ebenfalls jenem ziemlich nahe, das CZICKSENT-MIHALY als *Flow-Gefühl* bezeichnet.

4. Umsetzungsphase

In der abschließenden Umsetzungsphase geht es darum die gewonnene Erkenntnis durch Handeln zu realisieren. Erst wenn die Idee in die Wirklichkeit überführt wird, ist sie „mehr als nur ein flüchtiger Gedanke"[138]. Hierbei spielen wieder die oben genannten Faktoren wie soziales Umfeld,... eine große Rolle, denn sie entscheiden wesentlich, ob ein Transfer in die Realität stattfinden kann.

---

[138] Ebd. S. 23

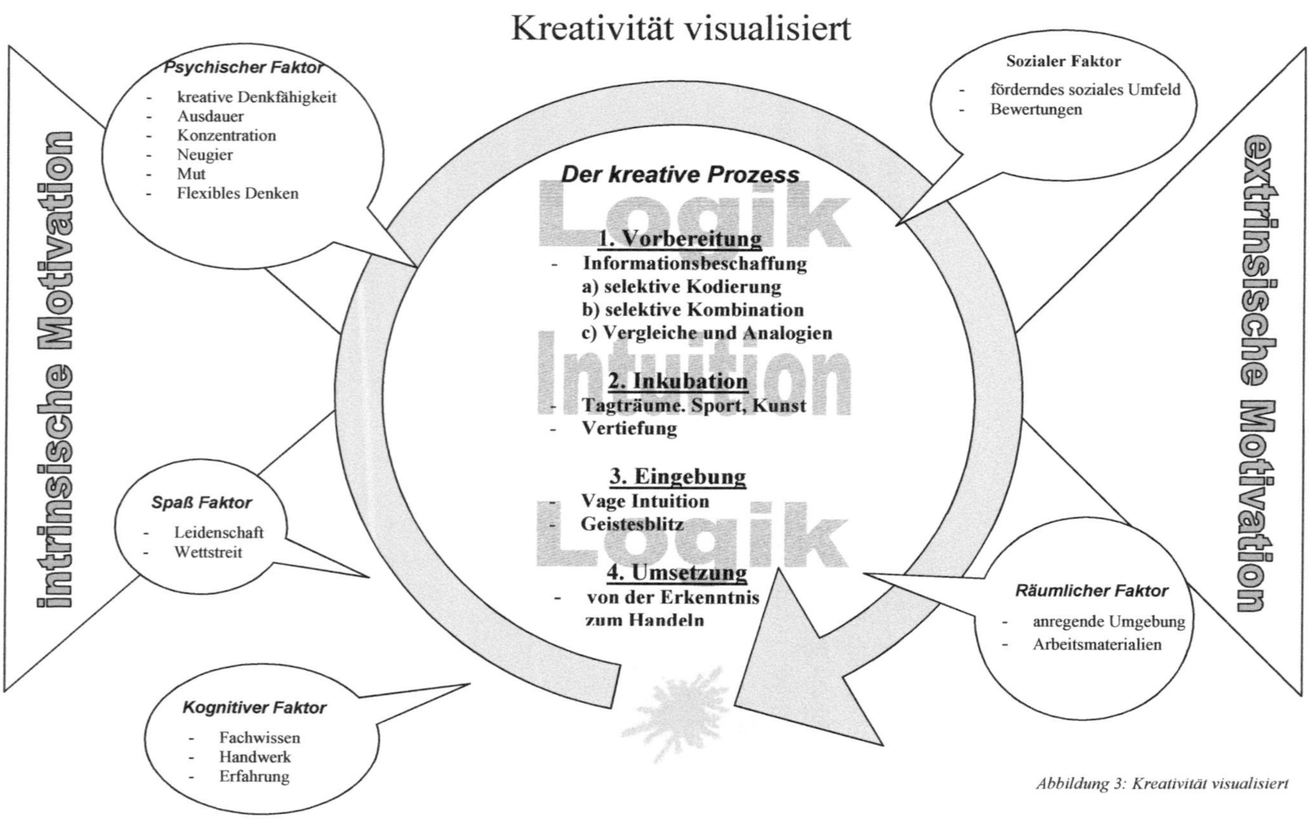

Kreativität visualisiert

extrinsische Motivation

Sozialer Faktor
- förderndes soziales Umfeld
- Bewertungen

Räumlicher Faktor
- anregende Umgebung
- Arbeitsmaterialien

Der kreative Prozess

Logik
Intuition
Logik

1. Vorbereitung
- Informationsbeschaffung
  a) selektive Kodierung
  b) selektive Kombination
  c) Vergleiche und Analogien

2. Inkubation
- Tagträume, Sport, Kunst
- Vertiefung

3. Eingebung
- Vage Intuition
- Geistesblitz

4. Umsetzung
- von der Erkenntnis zum Handeln

Psychischer Faktor
- kreative Denkfähigkeit
- Ausdauer
- Konzentration
- Neugier
- Mut
- Flexibles Denken

Spaß Faktor
- Leidenschaft
- Wettstreit

Kognitiver Faktor
- Fachwissen
- Handwerk
- Erfahrung

intrinsische Motivation

Abbildung 3: Kreativität visualisiert

3.1.3 Das Ergebnis des kreativen Prozesses

Wenn ein kreativer Prozess abläuft, hat er ein Ergebnis zur Folge. In der Grafik *Kreativität visualisiert* wird dieses Ergebnis mit einem Klecks dargestellt. Dieses Ergebnis ist nicht in unbedingt ein Kunstwerk. Viele berufliche Veränderungen oder alltägliche Dinge sind kreativ, wenn sie originell bzw. ungewöhnlich sind und von der Umwelt als kreativ wahrgenommen werden.

Das kreative Produkt muss lediglich die folgenden drei Kriterien erfüllen:

1. Es ist neu und anders als das Gewohnte!
2. Es ist überraschend!
3. Es ist von Bedeutung, d.h. es wird von anderen anerkannt!

WINNICOTT weist dem kreativen Handeln den Ausdruck *schöpferisch* zu. „Ein Bild, ein Haus, ein Garten, eine Tracht oder eine Frisur, eine Symphonie oder eine Skulptur können zweifellos ebenso eine Schöpfung sein, wie ein gelungenes Mahl, das Zuhause angerichtet wird."[139] Diese schöpferische Kreativität wird laut Winnicott von jedem gesunden Menschen ausgeübt und ist Teil des *Lebendig-Seins*. Wird sie unterdrückt, ist der Mensch psychisch krank. Kreativität ist Ausdruck der Individualität eines Menschen und das Ergebnis des kreativen Prozesses kann somit als veräußerte Individualität bezeichnet werden. Aus diesem Grund kann die Förderung der Kreativität eine Stärkung der Persönlichkeit bewirken. Dies ist ein weiteres Ergebnis des kreativen Prozesses bzw. des *Kreativ-Seins*: ein Gefühl des *Lebendig-Seins*. Das bedeutet jedoch nicht, dass jeder, der kreativ tätig ist, auch gleich ein psychisch gesunder Mensch ist. Viele kreative Genies, wie die Künstler VAN GOGH oder BECKMANN, waren seelisch zerrissene Persönlichkeiten, die in der Ausübung ihrer Kunst einen Weg sahen, mit ihren inneren Bildern umzugehen. Sie mussten malen, um nicht von ihrem psychischen Leiden „zerfressen" zu werden. Kreativität als Verzweiflungsakt ist nicht das, was in diesem Konzept mit *Kreativ-Sein* gemeint ist. Es geht um Ausdruck des seelischen Befindens, nicht aber um der Selbsterhaltung wegen, sondern um der persönlichen Weiterentwicklung willen.

---

[139] WINNICOTT, DONALD W.: *Vom Spiel zur Kreativität*, Klett-Cotta, Stuttgart 1985, S. 80

Völlig losgelöst?

Ein wichtiger Moment des kreativen Prozesses ist die Lösung des Bewusstseins von der rationalen Ebene und die Aktivierung der Intuition. In der Inkubationsphase beschäftigt man sich nicht mehr bewusst mit dem Problem, oder der Aufgabe, sondern überlässt die Lösung dem Unterbewusstsein. An dieser Stelle ergibt sich eine paradoxe Situation: *Man wird bewusst ziellos, um ein Ziel zu erreichen (vergleichbar mit Meditation).*

Das Ziel wird immer noch verfolgt, doch das Bewusstsein wird hierfür *deaktiviert*. In einem Zustand völliger Gelöstheit entsteht plötzlich das, was CSIKSZENTMIHALYI *Flow* nennt: Ein Zustand des Fließens und völligen Aufgehens in einer Tätigkeit. „In der Regel entsteht Flow, wenn wir unsere Fähigkeiten voll einsetzen, um eine Herausforderung zu bestehen, die wir gerade noch bewältigen können."[140] Wenn sich Anforderung und Fähigkeiten in einem ausgewogenen Verhältnis die Waage halten, bestehen laut CSIKSZENTMIHALYI die besten Voraussetzungen, um in einen Flow-Zustand zu gelangen. Überfordert die Aufgabe einen Menschen, besteht die Gefahr, dass er resigniert und sich als unfähig einstuft die Aufgabe zu bewältigen (Frustration). Unterfordert sie ihn, wird er sich vermutlich langweilen. Im Flow-Zustand vergessen Menschen Raum und Zeit und gehen voll in ihrer Tätigkeit auf. Die Intuition hat in solch einem Zustand die Kontrolle voll übernommen und der Mensch handelt fast komplett intuitiv. Das von Analyse und Logik dominierte Bewusstsein ist so weit ausgeblendet, dass sich Menschen, die in solch einem Flow-Zustand waren, später oft nicht mehr erinnern, was sie eigentlich getan haben bzw. wie es zu dem Ergebnis gekommen ist. Kreativität spielt sich zwischen den zwei Polen **völlige Konzentration** auf die Aufgabe und **völliges Ausblenden** der Aufgabe ab. Über den Umweg, sich völlig auf eine Tätigkeit zu konzentrieren, die nicht direkt mit der Aufgabe zu tun hat, zum Beispiel bei künstlerischen Aktivitäten wie Malen, kann dieser Zustand ebenfalls erreicht werden. Wenn man sich zum Beispiel einer künstlerischen Tätigkeit widmet, bedeutet das jedoch noch lange nicht, dass man die Aufgabe vergessen hat. Unbewusst arbeitet das Gehirn an einer Lösung, die sich zu gegebener Zeit als Erkenntnis offenbaren wird.

---

[140] CSIKSZENTMIHALYI, MIHALY in: PSYCHOLOGIE HEUTE 2/1999 S. 24ff

3.1.4 Lernen mit allen Sinnen

Um eine Anwendbarkeit der Kreativitätstheorien im Coaching-Prozess zu verstehen, ist es interessant einen Blick auf die Wahrnehmung, auf die individuelle Ausprägung der Sinne zu werfen.

Lernen ist im pädagogischen Zusammenhang definiert als „die Tätigkeit, Kenntnisse und Fertigkeiten"[141] zu erwerben. Die Aufnahme von Informationen, oben Kenntnisse genannt, findet bewusst oder unbewusst über unsere Sinne statt. „Der Prozess des Sammelns kritischer Informationen über Ereignisse in der Welt ist die Aufgabe der Sinnesempfindung (sensorische Empfindung)."[142] Der Mensch als sinnliches Wesen nimmt seine Umwelt durch die Sinne wahr. Zu nennen wären Seh-, Hör-, Tast-, Geschmacks- und Geruchssinn. Diese Sinne werden auch als *sensorische Systeme* bezeichnet und entsprechend *visuelles, auditives, kinästethisches* und *olfaktorisches/gustatorisches System* genannt. „Unser Gehirn verarbeitet die Informationen aus jedem Kanal unserer sensorischen Erfahrung in jedem einzelnen Moment."[143] Permanent nehmen wir Informationen gleichzeitig über jedes der fünf sensorischen Systeme auf. Je nach individueller Ausprägung nimmt ein Mensch über einige Sinne mehr und über andere Sinne weniger Informationen über seine Umwelt auf. „Wenn auch durch alle unsere sensorischen Systeme Informationen gesammelt werden, hat jeder von uns eine – meist unbewusste – Tendenz, für die Verarbeitung der Informationen (...) ein oder mehrere ausgewählte Systeme zu benutzen. Diese sensorischen Systeme werden als ‚dominante' sensorische Systeme bezeichnet."[144] Die Ausprägung der sensorischen Systeme findet nach VESTER in den ersten sechs Monaten unseres Lebens statt. In dieser Zeit entscheidet sich, welches sensorische System sich weiter als dominantes sensorisches System ausprägen wird. Alle weiteren Entwicklungen der neuronalen Nervenbahnen stellt lediglich eine Verfeinerung der bereits vorhandenen Grundstruktur dar. „Diese ersten Verdrahtungen unserer Neuronenverbindungen im Gehirn", bestimmen auch, „mit welchen anderen Grundmustern – sei es ein Ehepartner oder ein Lehrer, eine bestimmte Umge-

---

[141] CLEVELAND, BERNARD F.: *Das Lernen lehren.*; Verlag für Angewandte Kinesiologie, Freiburg 1995, S. 18
[142] ZIMBARDO 1995, S. 165
[143] CLEVELAND 1995, S. 27
[144] Ebd. S. 29

bung oder ein Buch – wir später am besten kommunizieren."[145] So entsteht der Eindruck, dass es Menschen gibt, die eher visuell begabt sind, während andere eher auditiv und wiederum andere eher kinestäthisch begabt sind. Wie kann man feststellen, welches sensorische System bei einer Person dominant ist? Ein Weg besteht z.B. darin, „auf die Aussagemuster zu achten."[146] Die Dominanz eines sensorischen Systems äußert sich zum Beispiel in der Wortwahl, die eine Person benutzt, um ihre Wünsche auszudrücken oder Empfindungen zu beschreiben – in ihren Aussagen also. Eine andere Möglichkeit, um die Ausprägung der unterschiedlichen sensorischen Systeme zu untersuchen, ist, die entsprechende Person einen speziellen Fragebogen ausfüllen zu lassen. VESTER hat einen Vorschlag für einen Testfragebogen entwickelt, der im Anhang seines Buches *Denken Lernen, Vergessen* zu finden ist. Das Wissen um die Existenz der sensorischen Systeme hilft zu verstehen, warum manche Menschen scheinbar eine Begabung für eine Sache haben: Ihr dominantes sensorisches System wird angesprochen und lässt sie diese Sache schneller lernen. Ebenso lässt sich in vielen Fällen ein *Nicht-Verstehen* deuten. Das dominante sensorische System wurde nicht angesprochen, die Information wurde über einen unterentwickelten Kanal verarbeitet. Kreativität lässt sich so gezielt initiieren, wenn die entsprechenden dominanten sensorischen Systeme einer Person angesprochen werden. Die durch das dominante sensorische System ankommenden Reize werden besser verarbeitet und bezogen auf den kreativen Prozess besser selektiv kombiniert als andere, die nicht über das dominante System eintreffen. VESTER weist darauf hin, dass man „eine Information immer für seinen eigenen Lerntyp aufbereiten muss, weil (...) meist nur [einer] von vielen verschiedenen Lerntypen"[147] durch eine Information angesprochen wird. Um dies besser zu verstehen halte ich es für sinnvoll, den Weg der Informationen durch das Gehirn zu betrachten[148].

Welchen Weg nehmen Informationen durch das Gehirn?

1. Eine Information dringt über einen Eingangskanal (ein sensorisches System) zum Ultrakurzzeit-Gedächtnis und erregt Aufmerksamkeit.

---

[145] VESTER 1979, S. 96
[146] CLEVELAND 1995, S. 29
[147] VESTER 1979, S. 104
[148] orientiert an VESTER 1979

2. Durch Aufmerksamkeit werden Assoziationen angesprochen, die im Kurzzeitgedächtnis verarbeitet werden.

3. Sind die Assoziationen einprägsam genug, werden sie im Langzeitgedächtnis gespeichert.

Weg der Informationen durch das Gehirn

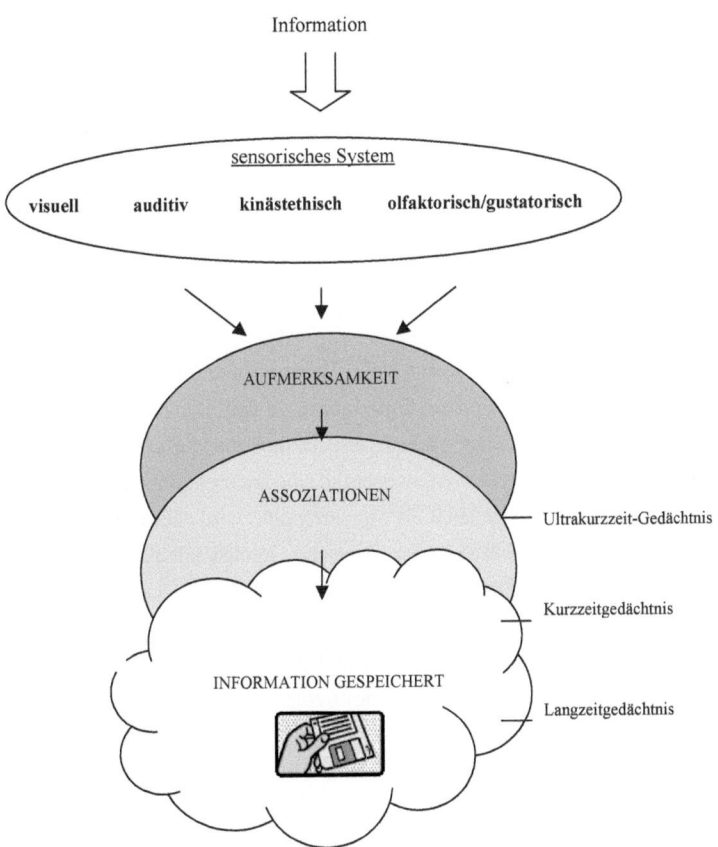

Abbildung 4: Weg der Information durch das Gehirn

Damit eine Information *hängen* bleibt, ist es nach VESTER notwendig, dass sich Assoziationsketten um diese Information bilden. Sie wird dann mit den Assoziationen verankert und ihnen zugeordnet. „Über je mehr Kanäle also eine Information eintrifft, um so eher wird sie solche Assoziationsmöglichkeiten vorfinden."[149]

Ein Beispiel:
Das Telefon klingelt, jemand ruft an. Nach dem Anruf will man sich einen bestimmten Namen notieren und sucht einen Zettel. Doch der Name ist einem entfallen. Man geht zum Telefon, nimmt den Hörer in die Hand und plötzlich weiß man den Namen wieder.

Die Erinnerung war nicht nur mit dem Namen verknüpft, sondern ebenfalls mit den sinnlichen Eindrücken der Gesamtsituation. Durch die Wiederherstellung der Situation wurden die Verknüpfungen aktiviert und der Name trat zurück ins Bewusstsein. Der Name war unterschwellig in Assoziationen verpackt.

Je mehr Assoziationen vorhanden sind, umso größer ist auch die Aufmerksamkeit, die diese Information erhält und umso größer ist auch die Motivation zum Lernen. Im ganzheitlichen Lernen versucht man aus diesem Grund, neben dem dominanten sensorischen System ebenfalls die anderen Sinne anzusprechen.

Als *Superlearning* oder auch als *Suggestopädie* wird diese Methode des Lernens bezeichnet. Es hat sich eine Deutsche Gesellschaft für Suggestopädie gegründet, die einen Ausbildungsstandart formuliert hat. Ursprünglich aus den USA stammend, ist das *Superlearning* seit Mitte der 90er auch in Deutschland in Mode. Anfang der 80er Jahre wurde die Methode, mit Musik und Tiefenentspannung zu lernen, als neue Form des Lernens gefeiert. Im Laufe der 80er legte sich das Interesse der Medien, da die sensationellen Lernerfolge ausblieben. Dennoch wurde besonders von Wissenschaftlern wie DAWNA MARKOVA[150] weiter geforscht und mit fundierten Ergebnissen die Möglichkeiten des *Superlearnings* weiter ausgetestet. Für dieses Konzept bleibt festzuhalten, dass ein Lernprozess, welcher mehrere sensorische Systeme anspricht, effizient ist und sich

---

[149] VESTER 1979, S. 109
[150] MARKOVA, DAWNA: *Die Entdeckung des Möglichen*; VAK-Verlag, Göttingen 1994

die Wahrscheinlichkeit eines Lernerfolges vergrößert. Ebenso wird ein kreativer Prozess besser funktionieren, wenn das dominante sensorische System angesprochen wird. Doch auch das gezielte Ansprechen/Aktivieren der nichtdominanten Systeme kann dem kreativen Prozess eine besondere Qualität verleihen.

Was ergeben sich noch für Erkenntnisse, wenn das Modell der sensorischen Systeme für den Einsatz von kreativen Methoden in der Beratung angewendet wird?
Durch den Einsatz von kreativen Methoden werden verschiedene sensorische Systeme angesprochen, um eine Antwort auf ein Problem zu erhalten. Die Informationen die mit dem Problem oder der Aufgabe zusammenhängen, dringen in der sogenannten Inkubationsphase in das Unterbewusstsein, vergleichbar mit dem Kurzzeitgedächtnis im oberen Modell. In dieser Phase beschäftigt sich das Unterbewusstsein mit dem Problem, indem es die vielfältigsten Assoziationen und Verknüpfungen mit den eingespeisten Informationen herstellt. Dieser Vorgang findet zumeist nicht bewusst statt und die Verknüpfungen werden nicht gespeichert (deshalb Kurzzeitgedächtnis). Wenn die Intuition eine Lösung für die Richtige hält, meldet sie das Ergebnis an das Bewusstsein. Das Bewusstsein wiederum interpretiert das Ergebnis als Erkenntnis. Die Logik prüft, wie sinnvoll das Ergebnis ist und entscheidet, ob es umgesetzt oder verworfen werden soll.

Es gibt jedoch noch weitere Faktoren, die den Einsatz von kreativen Methoden beeinflussen. Um optimales Lernen und optimale Ausnutzung der kreativen Denkfähigkeit zu ermöglichen, muss das dominante sensorische System im Einklang mit der „physiologischen Entwicklung" eines Menschen und „günstigen Umweltbedingungen"[151] sein. Unter physiologischer Entwicklung sind zum Beispiel vererbte Veranlagungen, wie eine überdurchschnittliche Sehkraft, zu verstehen. Günstige Umweltbedingungen ermöglichen die optimale Entwicklung des dominanten sensorischen Systems. Dies gilt für die frühkindliche Entwicklung eines Menschen, aber auch für die momentane Situation, in der sich ein Mensch befindet.

---

[151] CLEVELAND 1995, S. 30

Auch wenn die Individualität jedes Menschen außer Frage steht, lassen sich entsprechend des dominanten sensorischen Systems **Lerntypen** feststellen. Welchem Lerntyp ein Mensch angehört, kann auch als Indikator dafür gesehen werden, welche kreative Methode bei wem angebracht ist. Nicht jede kreative Methode fördert jeden Menschen. Dennoch weist VESTER darauf hin, dass es so viele Lerntypen, wie Menschen gibt. „Eine große Fragebogenaktion bei Studenten, wie auch bei Schülern mit vielen hundert Personen zeigte nun etwas, was wir überhaupt nicht erwartet hatten. Nämlich, dass es in einer Vorlesung mit hundert Studenten oder in einer Klasse mit dreißig Schülern – auch zur Überraschung der Lehrer – beinahe ebenso viele Lerntypen gibt."[152]

Dennoch ermöglicht das Wissen um die Existenz von individuellen Lerntypen, bezogen auf den Coaching-Prozess, einen entsprechend sensiblen Umgang mit der Individualität des Klienten. Jeder Lerntyp wird unterschiedlich auf die angebotenen kreativen Methoden reagieren und ein Coach kann lediglich durch einfühlsame Aufmerksamkeit eine Rückmeldung von seinem Klienten bekommen und Erfahrungen mit dem Einsatz kreativer Methoden sammeln.

An dieser Stelle eröffnen sich neue Möglichkeiten für eine, den individuellen Lerntypen gerecht werdende Beratung. Ein Coach könnte, nachdem er das dominante sensorische System seines Klienten festgestellt hat, die für ihn passenden Methoden auswählen. Jemand, der verstärkt auditiv begabt ist, würde eine geeignete Methode angeboten bekommen. Jemand, der eher visuell oder tastend begabt ist, würde sich wahrscheinlich im Konzept „Coaching und Kunst" aufgehoben fühlen. Coach wie auch Klient sollten prüfen, welchem Lerntyp sie sich zugehörig fühlen bzw. auf welchem Gebiet ihre Stärken liegen und welche kreativen Methoden ihnen helfen könnten, ihre Stärken zu nutzen und auszubauen. Es besteht dennoch gleichfalls die Möglichkeit, eine Person auf einem sensorischen System anzusprechen, welches bisher nicht ausreichend angesprochen wurde. Eine Entscheidung sollte dem Gefühl des Klienten überlassen werden, der sich entweder mit einer Methode wohlfühlt oder nicht. Der Coach sollte aus diesem Grund aufmerksam die Reaktionen seines Klienten beobachten und durch Nachfragen eine Rückmeldung fordern.

---

[152] VESTER 1979, S. 98

Kreative Methoden und sensorische Systeme

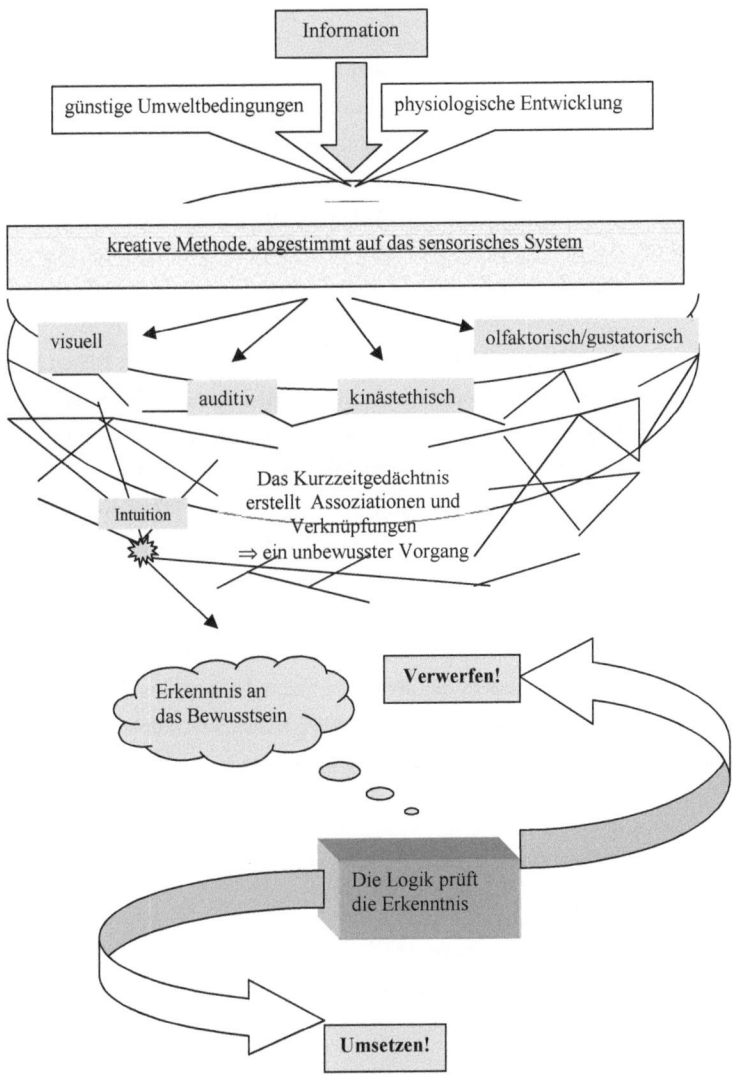

Abbildung 5: kreative Methoden und sensorische Systeme

Weitere Informationen über Lerntypen und darüber, wie ein Lerntyp festzustellen ist, sind dem Buch *Denken, Lernen, Vergessen* von FREDERIC VESTER zu entnehmen.

Die nachfolgend vorgestellten Methoden beziehen sich auf die Annahme, dass jeder Mensch ein dominantes sensorisches System besitzt und dass es, daraus resultierend, verschiedene individuelle Lerntypen gibt. Jemand, der auditiv begabt ist, wird eher mit Worten oder Klängen seine Situation beschreiben, als jemand, der kinestäthisch begabt ist und es gewohnt ist, sich gestalterisch auszudrücken. Jemand der auditiv begabt ist, wird sich *vielleicht* mit kreativen Methoden, die einen kinestäthischen oder visuellen Zugang erfordern, nicht zurechtfinden.

Für den Coaching-Prozess bedeutet dies, dass der Coach in einem frühen Stadium, z.B. beim Erstgespräch oder dem ersten Treffen danach, mit seinem Klienten einen Lerntypentest nach VESTER durchführen könnte. Im Anschluß daran erfolgt eine Auswertung und ein Informationsgespräch, in dem der Coach seinen Klienten über die Ergebnisse des Lerntypentests aufklärt. Für das Konzept Coaching und Kunst ist wahrscheinlich die Arbeit mit kinästethisch und visuell begabten Personen zu empfehlen. Falls im Test ein anderer Lerntyp ermittelt wird, könnte entweder der Coach versuchen, mit anderen Methoden zu arbeiten, abgestimmt auf die dominanten sensorischen Systeme des Klienten, oder den Klienten darüber aufklären, dass es bei der Anwendung der kreativen Methoden dieses Konzeptes Schwierigkeiten geben könnte. Visualisiert könnte die Anwendung eines Lerntypentests folgendermaßen aussehen:

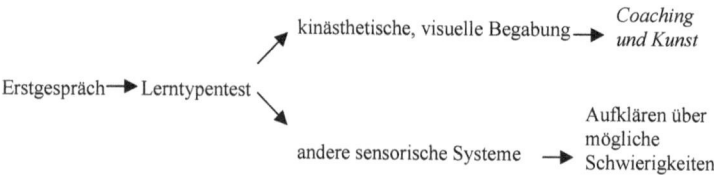

Dies ist jedoch lediglich als Anregung zu betrachten, warum eine Methode bei einigen Klienten besser als bei anderen funktionieren könnte. Es gibt, wie oben dargestellt, Menschen, die aufgrund ihrer sensorischen Veranlagung wahrscheinlich keinen Zugang zu bestimmten Methoden haben werden. Dennoch wird erst die Praxis zeigen, wie damit umzugehen ist.

Was in diesem Zusammenhang unter kreativen Methoden zu verstehen ist, werde ich im folgenden Kapitel beschreiben.

3.2 Kreativität im Coaching-Prozess

Nachdem ich im vorigen Kapitel das Thema Kreativität untersucht habe, werde ich im Folgenden die dargestellten Theorien über Kreativität in Verbindung zu den im ersten Kapitel dargestellten Theorien über den Coaching-Prozess bringen.

3.2.1 Kreatives Problemlösen

In der Einleitung zu einem Kreativitätstraining behauptet GOLEMAN: „Ihre Kreativität nimmt in dem Maße zu, wie sie sich ihrer kreativen Akte bewusst werden."[153] An dieser Stelle lässt sich eine Brücke zum Coaching schlagen. Mit der Steigerung der Kreativität einer Person vergrößert sich nämlich ebenfalls ihre Problemlösungskompetenz. Mit einem Bewusstsein für die eigenen kreativen Prozesse lassen sich ebenfalls bewusst Problemlösungsprozesse steuern. Dies wiederum ist im Coaching-Prozess nützlich, wenn der Coach seinen Klienten dazu anleitet verschiedene mögliche Wege zu bedenken.

Problemlösungsprozesse können nach STOLLE in einem idealtypischen Ablauf beschrieben werden:

---

[153] GOLEMAN 1999, S. 28

Der Problemlösungsprozess[154]

Erkennung

Analyse

Zielformulierung

Ideenfindung

Bewertung

Erarbeitung von Lösungswegen

Umsetzung

Reflexion

Abbildung 6: Problemlösungsprozess

Der Ablauf eines Problemlösungsprozesses ähnelt dem Ablauf eines Coaching-Prozesses (siehe Kapitel 2.2.2) und findet mit großer Wahrscheinlichkeit auch während eines Coaching-Prozesses statt.

In der Hauptphase des Coaching-Prozesses (*Zielbestimmung, Interventionen* und *Evaluation*) könnte der oben skizzierte Problemlösungsprozess stattfinden, wiederholt zu gegebenenem .

Zunächst einmal erscheint es mir jedoch sinnvoll eine Unterscheidung zwischen zwei Problemtypen zu machen.

---

[154] STOLLE 1996, S. 16

Die erste Gruppe sind „Probleme, bei denen man weiß wie sie anzugehen sind und wie der Lösungsweg verläuft"[155]. Diese Probleme werden auch **wohlstrukturierte Probleme** oder Routineprobleme genannt. Ein Lösungsweg lässt sich schnell ermitteln oder liegt bereits auf der Hand. Die Hauptarbeit im Problemlösungsprozess findet bei solchen Problemen in den Phasen *Analyse* und *Umsetzung* statt. Die restlichen Phasen verkürzen sich oder werden schneller durchlaufen.

Die zweite Gruppe von Problemen sind „Probleme, bei denen der Lösungsweg noch nicht klar ist"[156]. Dies sind **diffuse Probleme**, für die es noch keinen vorgefertigten Lösungsweg gibt. Sie können auch „schlechtstrukturierte Probleme"[157] genannt werden. Hier liegt ein Arbeitsschwerpunkt in den Phasen *Analyse, Zielformulierung, Ideenfindung, Bewertung* und *Erarbeitung von Lösungswegen*. **Diffuse Probleme** können, je nach Auftreten im Problemlösungsprozess nun wiederum unterteilt werden in *Analyseprobleme, Zielformulierungsprobleme, Ideenfindungsprobleme, Bewertungsprobleme* und *Probleme bei der Erarbeitung von Lösungswegen*.

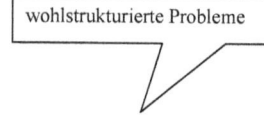

*Das Problem wird erkannt, analysiert, die Lösung ist offensichtlich und wird **einfach** nur umgesetzt.*

Es wird eine Unterteilung gemacht in:
- *Analyseprobleme*
- *Zielformulierungsprobleme*
- *Ideenfindungsprobleme*
- *Bewertungsprobleme*
- *Probleme bei der Erarbeitung von Lösungswegen*

Wenn ein diffuses Problem vorhanden ist, kann an jedem unklaren Unterpunkt ein kreativer Prozess initiiert werden. SCHLICKSUPP weist darauf hin, dass „Kre-

---

[155] SCHAUDE S. 13
[156] Ebd. S. 14
[157] Ebd. S. 14

ativität (...) in allen Phasen [des Problemlösungsprozesses] als wertvolle Fähigkeit zu betrachten ist."[158] Die Möglichkeit kreative Methoden zur Problemlösung hinzuzuziehen bleibt den ganzen Problemlösungsprozess über bestehen.

Kreative Methoden können zum Beispiel helfen, alle nötigen Informationen zu sammeln (*Analyse*), eine Utopie zu formulieren (*Zielbestimmung, Ideenfindung*) oder verschiedene Perspektiven einzunehmen (*Probleme bei der Umsetzung*). STOLLE regt an, die von ihm beschriebenen Kreativitätstechniken in den Phasen *Zielformulierung* und *Ideenfindung* zu benutzen[159]. Der Grund ist, dass in diesen Phasen verstärkt divergentes/intuitives Denken erforderlich ist. Um sich von der rationalen Ebene (*Erkennen, Analyse*) zu lösen, kann man sich kreativer Methoden bedienen. Dennoch ist anzumerken, dass Kreativität die Aspekte *Logik* und *Intuition* in sich vereint. Es ist nur scheinbar ein Gegensatz, Methoden, die das konvergente Denken anregen, zu Analysezwecken zu benutzen. Ein kreativer Prozess durchläuft fluktuierend mehrere Phasen, die mal von Logik, mal von Intuition geprägt sind.

Aus diesem Grund können in einem Beratungsprozess kreative Methoden dann verwendet werden, wenn eine Loslösung von der Ebene des logischen Denkens sinnvoll erscheint, zum Beispiel, wenn von der Logik kein Weiterkommen mehr erwartet werden kann.

Dies kann, bezogen auf den Coaching-Prozess, besonders in den Phasen *Zielbestimmung* und *Interventionen* der Fall sein.

---

[158] SCHLICKSUPP 1999, S. 32
[159] STOLLE 1996, S. 16

Kreatives Problemlösen visualisiert

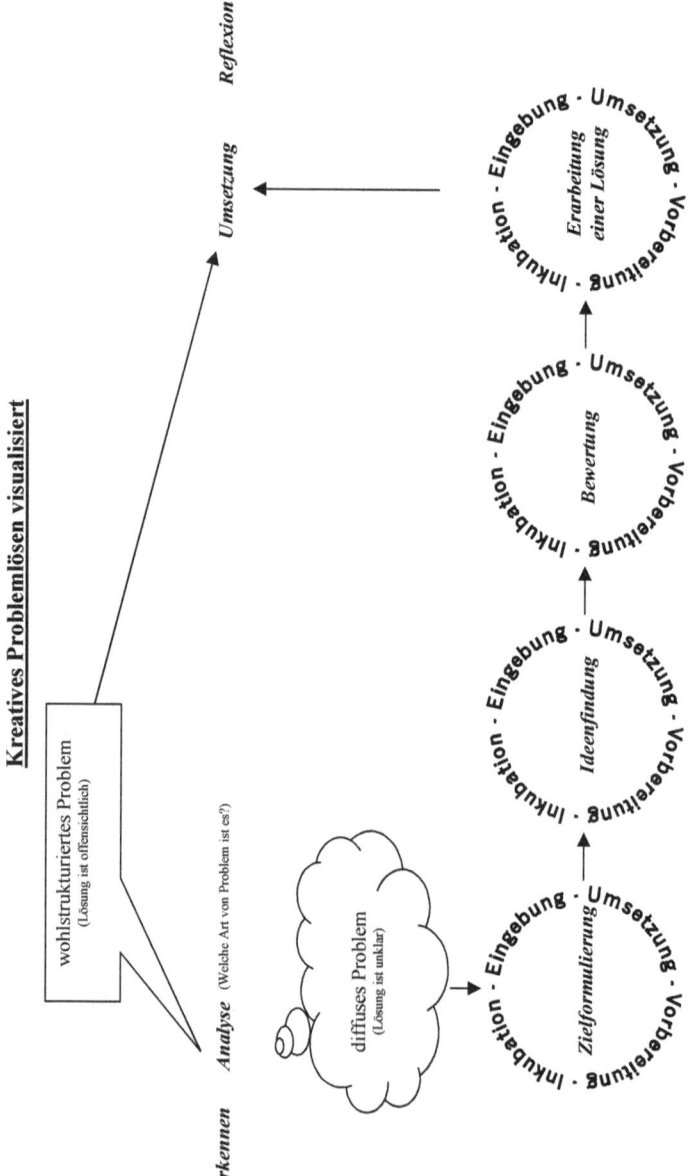

Abbildung 7: kreatives Problemlösen visualisiert

An dieser Stelle sei noch einmal darauf hingewiesen, dass eine wesentliche Voraussetzung für Kreativität die freie Entscheidung zur selbigen ist. Ein Coach/Berater sollte deshalb nur dann kreative Methoden anwenden, wenn er seine Absichten offengelegt hat und sein Klient sich dazu bereit erklärt hat diese Methoden auszuprobieren. Niemand kann zur Kreativität gezwungen werden! Ebenso gilt, dass Kreativität viele Facetten hat. Wenn jemand nicht malen möchte, hat er vielleicht mehr Spaß am Musik machen oder plastischem Formen. Der Faktor Spaß ist wesentlich mitverantwortlich für das Gelingen des kreativen Prozesses.

3.2.2 Ziele und Visionen

Die Hauptphase des Coaching-Prozesses beginnt mit einer Zielbestimmung. Das Ziel des Coaching-Prozesses beeinflusst die Wahl der weiteren Maßnahmen/Interventionen und bestimmt den Arbeitsschwerpunkt des Coaching-Prozesses. Auch um kreativ Probleme zu lösen, ist es notwendig eine Phase der *Zielformulierung* zu durchlaufen (z.B. „Woran erkenne ich, daß das Problem gelöst ist?").

Menschen sind – im Sport, Beruf oder Alltag – oft sehr fixiert auf das Erreichen von *völlig willkürlich* gesetzten Zielen und stellen nach kurzer Zeit frustriert fest, dass die Lebensqualität auf der Strecke bleibt. Wäre es nicht ein viel lohnenswerteres Ziel das eigene Potential voll zu entwickeln, Fähigkeiten zu fördern *und* bei all dem noch Spaß und Freude zu haben?

Dieses Kapitel beantwortet die Fragen: *Was ist ein Ziel, welche Schritte sind zu einer Zielfindung notwendig und welche Bedeutung hat der Weg dorthin?*

Am Anfang steht die Frage, was ein Ziel überhaupt ist.

Definition

Ein Ziel ist „ein durch freie, individuelle Auswahl und Entscheidung unter verschiedenen Handlungsmöglichkeiten projektierter, in Vorstellung und Handlung antizipierter zukünftiger Zustand, der zugleich Orientierung ist für die jeweils gegenwärtigen Handlungen und Handlungsfolgen."[160]

---

[160] HUMBOLDT-PSYCHOLOGIE-LEXIKON, Humboldt Taschenb.-Verlag, München 1990, S. 414

Nach der oben formulierten Definition ist ein Merkmal für Ziele die freie Wahl zwischen mehreren Optionen. Dies setzt voraus, dass es mehrere Ziele gibt, für die man sich entscheiden kann. Um sich für ein Ziel zu entscheiden, ist es also notwendig, sich der Wahlfreiheit bewusst zu werden.

„Die Entscheidung liegt bei Dir!"[161], proklamiert KARL-HEINZ SPRENGER und trifft den Kern des Problems: Wir können uns für verschiedene Möglichkeiten entscheiden! Um sich der verschiedenen Handlungsalternativen bewusst zu werden, ist es notwendig, in einem ersten Schritt eine *Situationsanalyse* zu machen.

Dabei sind mögliche Leitfragen:

*Warum klappt es nicht so, wie ich es haben will (**Konfliktanalyse**)?*

*Was brauche ich, damit es klappt (**Materialanalyse**)?*

Im Coaching-Prozesses hilft der Coach seinem Klienten während dieser Phase zu prüfen, warum die momentane Situation nicht dem gewünschten Zustand entspricht. Als nächstes wird das Ziel untersucht.

Es lassen sich zwei Zieltypen voneinander unterscheiden:

Der erste Zieltypus ist das *realistische Ziel*, das kurz- bis mittelfristig zu erreichen ist. Es ist **definierbar**, der Weg der zum Ziel führt ist **offensichtlich** und es besteht eine große Wahrscheinlichkeit, dass es **erreicht** wird.

Ein Beispiel für ein realistisches Ziel ist ein Autokauf. Die Marke wird ausgewählt und ein Finanzierungsplan erstellt. In einem absehbaren Zeitraum von vier Monaten soll das Auto zu Verfügung stehen.

Der zweite Zieltypus ist das *visionäre Ziel*, auch Vision genannt. Es ist, wenn überhaupt, nur **langfristig zu erreichen** und dem Weg, bzw. der **Entwicklung** dorthin wird große Bedeutung zugemessen. Ein visionäres Ziel gibt der Entwicklung bestimmter Fähigkeiten und Eigenschaften eine Richtung und formuliert den angestrebten Idealzustand.

Joseph Beuys hat formuliert: „Utopie ist Plan", was soviel bedeutet, dass jede Utopie bereits den Plan zur Verwirklichung in sich birgt.

Im Sprachgebrauch sagt man dazu: *Visionen werden realisiert, Ziele werden erreicht.* Es besteht somit ein unmittelbarer Zusammenhang zwischen realistischen und visionären Zielen. *Die Frage ist, ob es überhaupt realistische Ziele ohne eine dahinterstehende Vision geben kann?* Realistische Ziele ohne Vision werden

---

[161] SPRENGER, REINHARD K.: *Die Entscheidung liegt bei Dir! Wege aus der alltäglichen Unzufriedenheit*; Campus-Verlag, Frankfurt/M 1997

keine großen Auswirkungen auf die Zukunft haben, da sie lediglich die unmittelbare Gegenwart betreffen. Ebenso verhält es sich auch mit Visionen, die ohne realistische, umsetzbare Ziele Traumschlösser und unerreichte Wünsche bleiben. Realismus und Vision stehen in Abhängigkeit zueinander, wie das Benzin und der Zündfunke in einem Motor.

Dialektisch, also in ständiger Wechselwirkung, bedingen Vision und Realismus einander. Eine Vision entspringt der Intuition des Menschen und der Realismus hat seine Wurzeln in der Logik. So ist auch das dialektische Modell der visionären und realistischen Ziele geprägt von einem Wechsel zwischen Intuition und Logik.

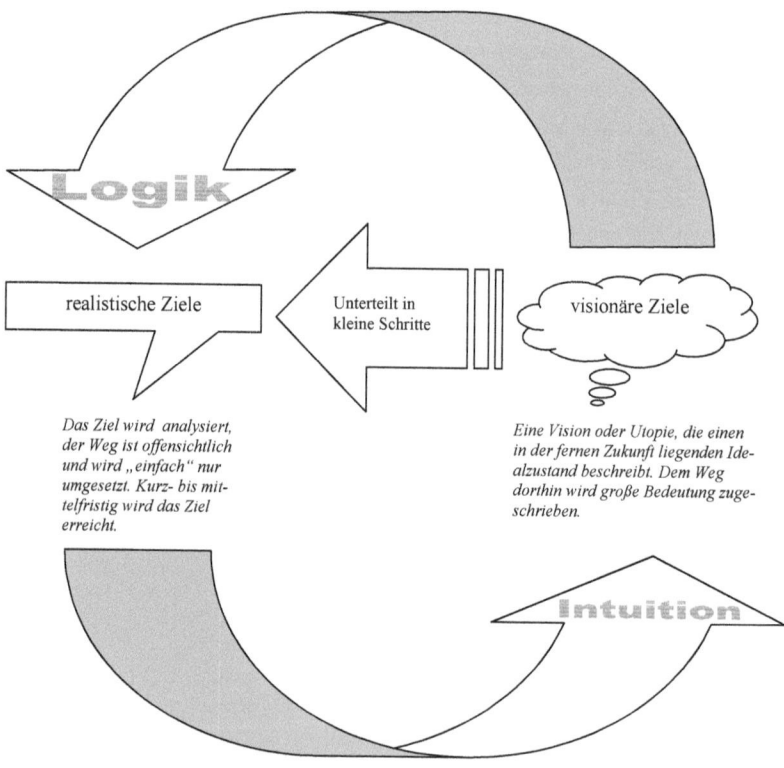

Abbildung 8: Visionäre und realistische Ziele

Im Coaching-Prozess wird eben diese Dialektik benutzt, um eine Balance zwischen den beiden Polen *Intuition* und *Logik* herzustellen. Eine Vision kann unterteilt werden in viele kleine Teilziele. Diese Teilziele werden so gewählt, dass sie kurz- bis mittelfristig zu erreichen sind. Mit jedem erreichten Teilziel wird die Vision ein Stück mehr *Realität*. Ein Sprichwort lautet: „Jede große Reise beginnt mit dem ersten Schritt!"

Exkurs: Die Bedeutung von Zielen

Ziele und Visionen können Menschen beflügeln und motivieren. Alle großen Entdecker hatten eine Vision, die sie angetrieben hat. Dennoch können Ziele Menschen auch blind für die Gegenwart werden lassen und selbstzerstörerische Züge hervortreten lassen. Ein Beispiel hierfür ist die Zielbesessenheit im Sport.

„Die meisten, die allein oder in einem Team Sport treiben, erleben immer wieder einen starken Druck, Ängste und Sorgen, die daher kommen, dass wir von dem Wunsch zu gewinnen geradezu besessen sind. Wir werden von Kindheit an in dieser Geisteshaltung erzogen, und sie wird von unserer Gesellschaft mit ihrem Konkurrenzdenken weiter gefördert."[162] In der Wirtschaft verhält es sich oft ebenso wie im Sport. Ziele wie die Vergrößerung der Gewinnspanne oder die Übernahme eines Konkurrenten können blind für die Bedürfnisse der eigenen Mitarbeiter machen und allen Beteiligten großen Schaden zufügen. Ein Beispiel dafür ist das weltweit tätige *Waste-Management* Entsorgungsunternehmen[163]. Deutsche Firmen, die von *Waste-Management* in den 90er Jahren aufgekauft wurden, mussten innerhalb kürzester Zeit die amerikanische Unternehmensstruktur übernehmen und die Vorgaben des Mutterkonzerns erfüllen. Das bedeutete wöchentliche Berichte der Abteilungsleiter über ihre Erfolge und monatlich Rechtfertigungen vor den Bereichsleitern, warum die angestrebte Vergrößerung der Gewinne um 5% pro Monat nicht erreicht wurde. Das Konzept hatte sich seit Jahren in den USA bewährt und sollte deshalb logischerweise auch in Deutschland funktionieren. Die Erfolgsbilanz des Konzerns sah jedoch so aus, dass ein Großteil der aufgekauften Unternehmen nach spätestens einem Jahr wieder abgestoßen wurde – mit beschädigtem Image und zerschlagener Firmenstruktur. Die ausschließliche Konzentration auf Gewinn forderte hier ihren Tribut und die starre amerikanische Firmenstruktur sabotierte die Motivation der alten Mitarbeiter. Die Firmenleitung war nicht daran interessiert, zufriedene und glückliche Mitarbeiter zu führen, sondern war zu sehr auf die Steigerung der Umsätze fixiert.

---

[162] CHUNGLIANG AL HUANG/ JERRY LYNCH: *Tao Sport. Denkender Körper - Tanzender Geist*, Hermann Bauer-Verlag 1995, S. 14
[163] Die hier gemachten Angaben entstammen der Erfahrung meines Vaters, der 1994/95 Betriebsleiter in einem von *Waste-Management* aufgekauften Unternehmen war. Die Angaben sind subjektiver Natur und sollen die Extrempole des Begriffs *Ziel* verdeutlichen. Aus diesem Grund stelle ich sie in einen *Exkurs*-Kasten.

Ein anderes Beispiel für den Umgang mit Zielen aus einem anderen Bereich: Die Sportabteilung der amerikanischen Ladenkette *Allegheny* sieht die Aufgabe des Sportes darin, Freude und Spaß zu machen, während gleichzeitig das Potential der Menschen voll entwickelt wird. Aus diesem Grunde beraten die Verkäufer von *Allegheny* auch ihre Kunden mit der Absicht, das für ihre Bedürfnisse optimale Produkt zu finden. Eine Absicht, die sich – im wahrsten Sinne des Wortes – auszahlt: *Allegheny* ist in den 90er Jahren eine der erfolgreichsten Sportketten der Vereinigten Staaten gewesen.

Im Coaching-Prozess findet nach abgeschlossener *Situationsanalyse* (Ist-Zustand) eine *Zielanalyse* (Soll-Zustand) statt. Mit ihrer Hilfe versucht der Coach mit seinem Klienten Antworten auf die Frage *Was ist eigentlich für die Zielerreichung erforderlich (und was nicht)?* zu finden. Die Zielanalyse kann eine *Änderung der Problemsicht* (Umstrukturierung) zur Folge haben. In der modernen Psychologie wird angenommen, dass es sich beim Lösen von Problemen um zentrale Vorgänge der Umstrukturierung handelt[164]. Viele Menschen kommen beim Lösen von Problemen nicht weiter, weil sie nicht in der Lage sind, ihre Problemlösestrategie flexibel zu ändern.

Ein Beispiel:

In einem Versuch, bei dem die Versuchsperson die Aufgabe hatte Streichhölzer neu zu ordnen, bestand die Schwierigkeit darin eine dreidimensionale Lösung anzustreben. Manchmal reichte schon ein kleiner Hinweis und die Versuchspersonen konnten ihre eingefahrenen Gedanken-Gleise verlassen und die Situation neu organisieren.

Die Aufgabe des Coaches ist es, beim Verlassen der *eingefahrenen Gleise* die nötigen Weichen zu stellen, wie z.B. in einer Frage nach Alternativen. Im Coaching-Prozess ist es möglich, mit kreativen Methoden eine neue Perspektive zu erschließen. Der Coach benutzt Methoden, die dem Klienten ein Loslösen von einem eingefahrenen Zustand und eine Neubeurteilung seiner Situation ermöglichen. Die Parallele zum kreativen Prozess liegt nahe.

Wann ist jedoch ein Ziel als erreicht anzusehen?

---

[164] Zimbardo 1995, S. 534

Wohlgeformtheitskriterien für Ziele

Ein Ziel sollte bestimmte Kriterien erfüllen, um erreichbar zu sein. Die Amerikaner JOSEPH 0'CONNOR und JOHN SEYMOUR definieren ein wohlgeformtes Ziel anhand von sieben Kriterien[165]:

1. **positive Formulierung**, d.h. keine Negationen sollte das Ziel formulieren
2. **aktive Beteiligung**, d.h. es muß unter Eigenkontrolle erreichbar sein
3. **spezifisch**, d.h. es muß in einen genauen Kontext eingebettet sein
4. ein **sinnlich** wahrnehmbarer Beweis für die Erfüllung des Zieles muß vorhanden sein
5. **Ressourcen** müssen vorhanden sein
6. unter **ökonomischem Aufwand** erreichbar sein, d.h. es muß eine angemessene Größe haben, gemessen am Aufwand der betrieben werden soll
7. **ökologisch** sein, d.h. die Auswirkungen auf andere Menschen und Systeme sollten berücksichtigt werden

Wenn ein Coach mit seinem Klienten an einer Zielformulierung arbeitet, kann er anhand dieser sieben Kriterien die Erreichbarkeit überprüfen.

Es sei an dieser Stelle darauf hingewiesen, dass es eine große Vielzahl von Modellen gibt, die eine Zielbeschreibung und -erreichung überprüfbar machen sollen. Gerade im Themenbereich NLP lassen sich weitere Modelle finden, wie etwa das H.E.P.P.-Modell von SCHMIDT-TANGER.[166] An dieser Stelle sei darauf hingewiesen, dass das Modell der Wohlgeformtheitskriterien als anerkanntes Modell gilt und hier für die Anwendung in der Praxis empfohlen wird.

3.2.3 Selbstsabotage

Wenn der Ist-Zustand erkannt, das Ziel gesteckt und der Weg dorthin klar ist, kann es trotzdem noch zu Problemen kommen. Eine mögliche Ursache kann die sogenannten *Selbstsabotage* sein. „Selbstsabotage ist die Bezeichnung für (unbewusste) Tendenzen, für sich angestrebte Ziele selbst zunichte zu machen oder sich in irgend einer Weise selbst zu schaden."[167]

---

[165] aus: http://nlp.at/lexikon/w4.htm#wohlgefziel, am 26.10.2000
[166] SCHMIDT-TANGER, MARTINA: *Veränderungs-Coaching*; Junfermann, Paderborn 1998
[167] HUMBOLDT-PSYCHOLOGIE-LEXIKON 1990, S. 413

Da dies ein vielschichtiges, weitläufiges Thema ist, werde ich einige Aspekte von *Selbstsabotage* in diesem Abschnitt nur anreißen um die Problematik für die Anwendung von kreativen Methoden im Coaching-Prozess deutlich zu machen.

In einer ersten Annäherung an die Materie ist festzuhalten, dass ein Mensch ein Selbstbild von sich hat, welches die Art und Weise beschreibt, wie er sich selbst sieht bzw. „welche Fähigkeiten, Rollen etc. er sich selbst zuschreibt."[168] Was ein Individuum von sich selbst glauben *möchte*, wird *Idealbild* genannt.

Das *Idealbild* beschreibt, „wie eine Person sein möchte auf Grund der internalisierten Normen und Werte [ihrer] Bezugsgruppe."[169] Den Prozess der Vermittlung zwischen *Selbstbild* und *Idealbild* kann man in diesem Zusammenhang als *Selbstverwirklichung* bezeichnen. Dabei soll die Distanz zwischen Wirklichkeit und Ideal verringert werden.

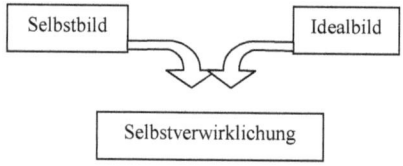

Wenn ein Mensch sich bei diesem Vorgang unbewusst blockiert, um sein (-meist negatives-) Selbstbild zu bestätigen, findet, vereinfacht ausgedrückt, *Selbstsabotage* statt. DAN MILLMAN liefert einige Beispiele für Selbstsabotage: „Es gibt viele Möglichkeiten, sich selbst zu sabotieren: Man kann vorzeitig von der Schule abgehen, eine schlechtbezahlte Stellung annehmen, einen Partner wählen, der einen physisch oder verbal misshandelt, mehr Geld ausgeben als man verdient, oder mit Nikotin, Alkohol oder anderen Drogen Selbstmord auf Raten begehen."[170]

In der Psychologie wird eine Technik der Selbstsabotage *Self-fulfilling-Prophecy* genannt. Eine Person erwartet Bestätigungen für ihre – zumeist

---

[168] Dorsch Psychologisches Wörterbuch, Verlag Hans-Huber, Göttingen 1998, S. 773
[169] Ebd. S. 773
[170] MILLMAN, DAN: *Erleuchteter Alltag*; Ansata Verlag, München 1998, S. 35

schlechte – Meinung von sich selbst. Diese Bestätigung wird eintreffen (sich erfüllen), je höher die Erwartung ist, dass sie eintreffen wird. In Form von eigenen negativen Glaubenssätzen („Ich weiß, daß ich nicht abnehmen werde!") oder in Form von übernommenen negativen Äußerungen, die eine andere Person macht („Das kannst Du eh nicht!") wird die Selbstsabotage sichtbar.

In jedem Fall können negative Glaubenssätze eine Zielerreichung sabotieren!

Eine weitere Technik der Selbstsabotage ist die *Selbstbestrafung*. Für nicht erwünschtes Verhalten oder nicht geduldete Gedanken bestraft sich die Person mit unbewusster oder bewusster physischer Zerstörung selbst. Als Beispiele dafür wird Nägelkauen, übermäßiges Essen oder Hungern genannt. Die Selbstbestrafung kann jedoch als Verstärker wirken und nicht selten befindet sich ein Mensch in einer Art Teufelskreislauf zwischen Schuldgefühl, Unzufriedenheit und dem Wunsch nach Verbesserung der Situation. Der einzige Ausweg besteht oft darin, den verborgenen Mechanismus, der dahinter steckt, aufzudecken und die Person zu ermutigen das Verhalten zu ändern und/oder Veränderungen mit ihr durchzuspielen.

Das Thema *Selbstsabotage* und entsprechende Diagnose-Grundlagen bildet eine Schnittstelle zwischen Coaching/Beratung und Therapie. Ein Coach/Berater muss als Grundlage für den Coaching-Prozess eine Art Diagnose durchführen, mit der Absicht, den Ist-Zustand des Klienten zu bestimmen. Von dort erst kann, z.B. mit kreativen Methoden, ein Soll-Zustand konstruiert werden. Probleme bei der Umsetzung und Erreichung können wie oben beschrieben mit Selbstsabotage in Verbindung stehen. SALBER, auf dessen Theorie ich in Kapitel 4.1 näher eingehen werde, sieht seelische Probleme als Folge von Brechungen bzw. Veränderungen. Das Thema Selbstsabotage könnte nun von zwei Richtungen aus betrachtet werden: Zum einen ist es ein Verhalten, sich selbst bei der Erreichung eines Zieles zu blockieren, zum anderen ist es ein Konflikt im Umgang mit Veränderungen. Der Coach ist zumeist nicht in der Lage eine tiefenpsychologische Analyse durchzuführen, doch er kann seinen Klienten daraufhin befragen, wo denn Störungen bei der Umsetzung der besprochenen Maßnahmen auftreten. Dies soll als ein Hinweis auf die Existenz von Selbstsabotage verstanden werden, da dieses Thema für sich ein Buch füllen könnte. Wenn bei der Umsetzung und Erreichung von Zielen Probleme auftreten, wird der Coach versuchen, den

Prozess positiv zu beeinflussen: er wird intervenieren. Was Interventionen sind und wie im Coaching-Prozess kreativ interveniert werden kann, ist Thema des nächsten Abschnitts.

3.2.4 Kreative Interventionen

Um seinen Klienten dabei zu unterstützen, die in **Phase 3** des Coaching-Prozesses formulierten Ziele zu erreichen, wendet der Coach **Interventionen** an, bzw. er **interveniert.**

Interventionen (bezogen auf Beratungssituationen) sind wissenschaftlich schwer zu fassen und zu beschreiben, da es zu einer Überschneidung verschiedener Bedeutungen und Deutungszusammenhänge kommt. Das lateinische Verb *intervenire* bedeutet soviel wie *sich einmischen, eingreifen, sich einschalten.* Intervenieren ist somit ein Vorgang der von Unmittelbarkeit und der jeweilig vorherrschenden Situation abhängig ist. Eine Intervention wird jedoch auch als geplante Anwendung von Techniken und Methoden verstanden. Der Begriff *Intervention* taucht in verschiedenen Zusammenhängen auf, z.B. in der Politik, als Eingriff eines Staates in die Politik eines anderen Staates oder in der Wirtschaft als Interventionismus[171]. In der Beratungsliteratur wird der Begriff *Intervention* zum Teil widersprüchlich gebraucht. Auf der einen Seite werden damit die *Handlungen des Beraters/Coaches* bezeichnet: „So wie man in sozialen Situationen nicht nicht handeln kann, so kann auch ein Berater nicht nicht intervenieren."[172] Ebenso werden aber auch die *Handlungen des Klienten* außerhalb der Beratung als Interventionen bezeichnet: „Die Berater und der Kunde spielen ggf. Handlungsalternativen durch und entwickeln Interventionen, die der Kunde in seinem beruflichen Alltag umsetzen kann (...)."[173]

In dieser Arbeit verstehe ich unter Interventionen ein bewusstes Handeln und Methoden-Anwenden *des Coaches.*

---

[171] TITSCHER, STEFAN: *Professionelle Beratung: was beide Seiten vorher wissen sollten*; Wirtschaftsverlag Carl Ueberreuter, Wien/Frankfurt 1997, S. 133
[172] Ebd. S. 134
[173] TITSCHER zitiert *MÖLLER/GRAU/ROHWEDDER 1988 S.291f.*, auf S. 44

Intervenieren kann der Coach mit Techniken und Methoden, die z.B.
- der **Problemlösung** dienen
- die eine **Utopie** entstehen lassen
- der **Zielfindung** dienen
- die eine bestimmte **Sichtweise** bewusst werden lassen
- ein **Verständnis** für eine gewisse Situation, oder Person **fördern**

Kreative Interventionen können mit kreativen Methoden eingeleitet werden, wie in Kapitel 3.2.5. beschrieben. Der Coach bereitet diese Interventionen vor, um dem Klienten die **Loslösung von der Ebene der Logik** hin zur intuitiven Erarbeitung eines Lösungsansatzes zu ermöglichen. Eine **Definition** von kreativen Interventionen ist:

Eine kreative Intervention ist der Einsatz von (kreativen) Methoden im Coaching-Prozess durch den Coach, die eine positive Wirkung auf die Situation des Klienten haben sollen.

Im weiteren Verlauf dieses Kapitels untersuche ich die verschiedenen Aspekte von kreativen Interventionen wie Bedingungen, Auswirkungen, Bewertungskriterien.

Auf welche Bereiche des Klientensystems kann mittels Interventionen Einfluss ausgeübt werden?
TITSCHER stellt vier Bereiche heraus, die primär Ziel von Interventionen im Beratungsprozess sein können:

a) *Interaktion*
b) *Attribution*
c) *Regeln*
d) *Rahmen-Bedingungen*

a) Als *Interaktionen* werden alle wechselseitigen Beeinflussungen bezeichnet, die Folge von zwischenmenschlichen Begegnungen sind. Eine Interaktion im Coaching-Prozess bewirkt, dass sich das Verhalten des Klienten zu seinen

Mitmenschen durch die Anwesenheit und durch die Maßnahmen des Coaches verändert. Eine Erwartung an den Coach ist, dass „nach der Beratung etwas (...) anders ist."[174] Nicht nur neue „Vorhaben, Absichtserklärungen, Visionen oder Motivationslagen"[175] sind Erfolgskriterien für den Coaching-Prozess, die Veränderungen müssen nach TITSCHER ebenfalls in Interaktionen mit anderen Individuen sichtbar werden.

b) Attribute sind Eigenschaften, *Attribution* hingegen ist der meist unbewusste Vorgang der „Zuschreibung von Ursachen für beobachtete Verhaltensweisen oder Ereignisse."[176] Dieser Vorgang findet natürlicherweise immer statt, denn der Mensch versucht seine Umwelt zu verstehen und Ursachen zu erkennen, um sein Handeln danach ausrichten zu können. Das Erkennen von Ursachen und Wirkungen verschafft ihm ein notwendiges Maß an Sicherheit. Vorschnelle oder festgefahrene Zuschreibungen können jedoch *blind* für alternative Ursachen machen. „Beratung kann versuchen, die eingerasteten, üblichen Zuschreibungsmuster aufzulockern, zu irritieren."[177] Diese äußern sich zum Beispiel in Unternehmen, wenn ein Mitarbeiter von anderen *gemobbt* und als Sündenbock behandelt wird. Die Wahrnehmung der Zuschreibungsmuster erfolgt im Coaching-Prozess durch Feedback und einfühlsames Zuhören von Seiten des Coaches.

c) Wenn eine Intervention eine Veränderungen von *Regeln* beabsichtigt, so bedeutet das, „dass man die Standards bearbeitet, die konkreten Maßnahmen und Verhaltensweisen zugrunde liegen."[178] Regeln lösen Verhaltensroutinen aus, die ein bestimmtes, immer gleiches Verhalten in bestimmten Situationen zur Folge haben. Der Klient formuliert z.B.: „Wenn *das* passiert, handele ich immer *so*...!" Die Arbeit an Regeln bedeutet auf der einen Seite, diese sich immer wiederholenden Regeln und Muster aufzudecken und dem Klienten bewusst zu machen. Eine andere Möglichkeit ist, neue Regeln, zum Beispiel für eine bessere Kommunikation, den Umgang mit Konflikten oder zwi-

---

[174] Ebd. S. 142
[175] Ebd. S. 142
[176] TITSCHER 1997 S. 142
[177] Ebd. S. 142
[178] Ebd. S. 143

schenmenschlichen Problemen, einzuführen. Die Absicht von Interventionen ist jedoch immer „eine Selbständerung in Gang zu bringen."[179] Die Arbeit an Regeln ist nach TITSCHER immer mit Einsicht verbunden. Ein Verhalten kann sich auf Dauer nur ändern, wenn der Klient erkennt, bzw. beschließt, dass er sich ändern möchte. Der Coach kann hier mit geeigneten Interventionen helfen, dass diese Einsicht entsteht und seinen Klienten dabei unterstützen, neue Verhaltensweisen, auf der Basis neuer Regeln, einzuüben.

d) Die *Rahmenbedingungen* sind alle veränderbaren Umweltfaktoren, die Einfluss auf die Situation des Klienten haben. Mit Interventionen versucht der Coach zu klären, welche äußeren Faktoren wichtig für den Klienten sind und sein Handeln beeinflussen. „Für Consultants ist es ganz wichtig, den Zusammenhang einzugrenzen, in dem das Klientensystem agiert."[180] [TITSCHER benutzt hier den Begriff *Consultants* synonym für *Berater*.] Rahmenbedingungen sind zum Beispiel die Lebensbereiche des Klienten, wie Betrieb, Familie oder Freundeskreis. Innerhalb dieser Lebensbereiche gibt es wieder Rahmenbedingungen, wie Vorgaben für die Erledigung einer Aufgabe, feste Zeiten für Urlaub usw. Jeder Mensch hat individuell Lebensbereiche, die ihn beeinflussen, und solche, die ihm wichtig sind. Das kann sich decken, kann aber auch abweichen. Wenn einem Menschen zum Beispiel der Bereich Familie sehr wichtig ist, er aber nach eigenen Angaben zu wenig Zeit dafür aufwendet, ist dieser unausgeglichene Zustand möglicherweise Ursache für Unzufriedenheit. Der Coach kann hier seinem Klienten helfen, die unbewusst festgelegten Prioritäten zu erkennen und sein Leben neu, nach seinen *wirklichen* Prioritäten, auszurichten.

Die primäre Entscheidung im Coaching-Prozess ist zunächst, welche Wirkung die Intervention haben soll.
Interventionen können nach TITSCHER grundsätzlich zwei Wirkungen haben[181]:

a) belastend

b) entlastend

---

[179] Ebd. S. 143
[180] Ebd. S. 144
[181] Ebd. S. 138

Belastend sind Interventionen, wenn sie den Klienten auf Probleme, Fehler, Missstände, mangelnde Kompetenz, eingefahrene Gewohnheiten usw. stoßen. Interventionen dieser Art werden nicht selten auch *Provokation* oder *Verstörung* genannt. „Diese Bezeichnung soll (...) andeuten, dass Berater ein tendenziell unbequemes oder aufrüttelndes Gewerbe betreiben."[182]

Entlastend sind Interventionen, wenn sie den Klienten positiv verstärken, ihn unterstützen, seine Kompetenz vergrößern, ihm Orientierung bieten usw. Obwohl diese Interventionen für den Coach, wie auch für den Klienten angenehm sind, sind sie nicht immer dem Wachstum des Klienten dienlich. Es ist leichter, bestehende Gewohnheiten zu verstärken, als eine Verhaltensänderung zu bewirken.

Ob eine kompensierende (entlastende) Intervention oder eine belastende Irritation angebracht ist, hängt wiederum vom Zeitpunkt im Coaching-Prozess ab und vom Bereich ab, der Ziel der Intervention ist. „So werden etwa in Erstsituationen Irritationen selten angebracht sein, weil die Annahme belastender Interventionen ein Maß an Vertrauen der Klienten zum Berater erfordert, das erst aufgebaut werden muß. In Phasen hoher Unsicherheit des Kunden werden zusätzliche Irritationen unangebracht sein."[183] Es ist somit ebenso die Frage nach dem Zustand, nach der „Belastungsfähigkeit" des Klienten zu stellen. Auch die momentane Kapazität des Coaches spielt eine entscheidende Rolle für die Wahl der Intervention. „Im Klientensystem Irritation hervorzurufen, bedeutet für die Berater nachträglich häufig eine Belastung, da sie die der Provokation folgenden Reaktionen aushalten müssen."[184] Wenn ein Coach belastende Interventionen durchführt, sollte er sich bewusst sein, dass sein Handeln beim Klienten Konsequenzen und Reaktionen hervorrufen wird (Verärgerung, Unzufriedenheit, einiges klappt schlechter als vorher, unbekannte Probleme treten auf...). Der Coach muss prüfen, ob er diese Reaktionen aushalten kann oder muss gegebenenfalls die Intervention beenden, die Sitzung verlegen oder muss eine andere Interventionen wählen. Es ist auf keinen Fall sinnvoll, zu versuchen, die Folgen einer

---

[182] TITSCHER 1997, S. 138
[183] Ebd. S. 140
[184] Ebd. S. 140

provokativen Intervention zu negieren, um den *alten Zustand* wieder herzustellen. In diesem Falle würde er seine Souveränität untergraben und dem Klienten zeigen, „wie er die Consultants steuern kann"[185].

[TITSCHER verwendet hier den Ausdruck *Consultants* synonym für *Berater* bzw. *Unternehmensberater*. Seine Ausführungen über Interventionen gelten jedoch für Beratungsprozesse im allgemeinen, also auch für Coaching-Prozesse.]

Hat der Coach ein Gespür dafür, ob die Intervention belastend, oder entlastend wirken soll, muss er sich im nächsten Schritt für die Art der Intervention entscheiden.

Interventionen lassen sich aufteilen in sieben typische Interventionsmaßnahmen, die jeweils einer der großen therapeutischen Schulen bzw. Beratungsformen zugeteilt werden können (orientiert an ROTH/BRÜNING/ EDLER).

- **Entlasten** – „Je nach Auslöser des Coaching-Wunsches kommt es vor, daß ein Klient sich im Zustand hoher emotionaler Betroffenheit befindet. Ein bestimmter äußerer oder innerer Anlaß, sei es z.B. eine Kündigung oder die krisenhafte Zuspitzung einer sich bisher schleichend fortentwickelnden Problemlage, ruft den Verlust des seelischen Gleichge-wichts hervor"[186]. In diesem Fall ist es Aufgabe des Coachs, ein Klima zu schaffen, in dem der Klient seine Betroffenheit und seine Gefühle ausdrücken kann. „Der Coach hört empathisch zu und ermutigt den Klienten, seine Gefühle offen auszudrücken. Durch das Aussprechen von Angst- und Wutgefühlen wird analog den Zielen der Krisen-intervention eine Entlastung vom emotionalen Druck angestrebt."[187]

- **Beraten** – Gemeint ist hier eine informative Variante des Beratens, d.h. „beraten im Sinne von Auskunft erteilen, womit eine möglichst neutrale Informationsvermittlung gemeint ist. Daneben gibt es auch das vorschla-

---

[185] Ebd. S. 140
[186] ROTH/BRÜNING/ EDLER, S. 209
[187] ROTH/BRÜNING/ EDLER, S. 209

gende Beraten im Sinne von einen Rat geben"[188]. Der Coach äußert seine Meinung zu einem Thema und ermöglicht dem Klienten dadurch einen anderen Standpunkt kennen zu lernen. Sheldon weist darauf hin, dass die Offenheit des Beraters, die z.B. in einer Stellungnahme zu einer bestimmten Frage deutlich wird, dem Klienten ein Vorbild sein kann ebenfalls Stellung zu beziehen.

- **Feedback** – RAUEN weist auf die fehlende Rückmeldung von Mitarbeitern zu Führungskräften hin, die zumeist auf die hierarchischen Strukturen in den Betrieben zurückzuführen ist. Kritik, sowie auch häufig Lob, *von unten* ist nicht erwünscht, um die Machtposition des Managers nicht zu gefährden. Ein weiterer Aspekt zum Thema fehlendes Feedback in Betrieben ist das ausgeprägte Konkurrenzdenken, das ein Klima schafft, in dem konstruktive Rückmeldung verhindert werden. Aufgabe des Coachs ist es in solch einem Fall, ehrliches Feedback zu geben, sowie ggf. Stellung zu beziehen und die eigene Meinung zu äußern.

- **Training** – Coaching kann auch angewendet werden, um die soziale Kompetenz des Klienten zu steigern. Es können Fertigkeiten trainiert werden, um bestimmte Verhaltensdefizite, die sich im zwischenmenschlichen Bereich zeigen, zu bearbeiten. „Hierfür entwirft der Coach Übungsreihen mit steigendem Schwierigkeitsgrad oder zunehmender Komplexität, leitet den Klienten an, korrigiert wenn nötig und bietet sich als Modell an. Es geht um eine systematische Erweiterung des individuellen Verhaltensrepertoires."[189] Hier rückt das Coaching näher an das Training heran, da der Coach durch seine Methoden-kompetenz entscheidet, welche Methode oder Übung die richtige ist, um den Klienten weiter zu bringen.

---

[188] Aus : http://gwdu19.gwdg.de/~kflechs/iikdiaps5-96.htm#iikdiaps5-96b , KARL-HEINZ FLECHSIG, 23.5.2000
[189] ROTH/ BRÜNING/ EDLER 1995, S. 210

- **Aufdecken** – Der Coach deckt „Angst vor und Abwehr von Veränderung und die dahinter liegenden Gefühle und Motive"[190]auf. Er hilft seinem Klienten sogenannte *blinde Flecken* zu erkennen, die eine Weiterentwicklung blockieren. Die unbewussten Muster und Blockaden, die einen Konflikt verursachen, werden vor dem Hintergrund der aktuellen Situation dem Klienten bewusst gemacht. Es soll eine breite, realitäts- und persönlichkeitsnahe Wahrnehmung erreicht werden. „Bei diesem eher tiefenpsychologischen Ansatz geht es also hauptsächlich um die Gefühle und Motive, an die der Klient nicht mehr denken möchte."[191] Hier rückt das Coaching wieder näher an die Therapie, da der Coach analysiert und unangemessenes Denken und Handeln aufdeckt.

- **Entwickeln** – Durch verschiedene Methoden macht der Klient Selbsterfahrungen und erweitert seine Wahrnehmungsmöglichkeiten. Eigenverantwortung und Kreativität werden gefördert um dem Klienten die Möglichkeit zu geben, sein Potential auszuschöpfen und seine menschlichen Fähigkeiten wiederzuentdecken. „Dies entspricht dem Ideal der ‚fully functioning person', das Carl Rogers zum Ziel der Gesprächspsychotherapie erklärt hat."[192]

- **Verknüpfen** – Die Idee, das alle Menschen sich in Systemen bewegen und handeln, wird dem Klienten an seiner eigenen Situation aufgezeigt. „Unter Verknüpfen werden all diejenigen Interventionen verstanden, die darauf hinzielen, dem Klienten deutlich zu machen, dass er mit seinen Handlungen und Einstellungen in ein Umfeld aus anderen agierenden und wertenden Personen und Abläufen eingebettet ist. Es geht also um nichts anderes, als den Klienten mit systemtheoretischen Überlegungen vertraut zu machen und diese auf seine eigene Situation anzuwenden."[193] Zu diesem Zwecke werden die Systeme, in denen sich der Klient befindet unter-

---

[190] Aus : http://gwdu19.gwdg.de/~kflechs/iikdiaps5-96.htm#iikdiaps5-96b , KARL-HEINZ FLECHSIG, 23.5.2000
[191] Ebd.
[192] ROTH/ BRÜNING/ EDLER 1995, S. 210
[193] Ebd. S. 210

sucht und Vernetzungen aufgedeckt. „Dabei kann eine Begleitung am Arbeitsplatz (in-house-coaching) hilfreich sein."[194]

(Weitere Informationen zum Thema Interventionen sind bei Roth/Brüning/Edler 1995, S. 210 ff. zu finden.)

Zusammengefasst kann der Entscheidungsprozess in etwa wie folgt beschrieben werden:

Interventionen im Coaching-Prozess

1. *Auf welche Bereiche des Klientensystems soll mittels Interventionen Einfluss ausgeübt werden? (Ziel der Intervention)*
   a) *Interaktion*
   b) *Attribution*
   c) *Regeln*
   d) *Rahmen-Bedingungen*

2. *Was ist angebracht? (Ist-Zustand des Klienten und des Coaches)*
   a) *belasten*
   b) *entlasten*

3. *Welche Art der Intervention passt zur momentanen Situation?*
   a) *Entlasten*
   b) *Beraten*
   c) *Feedback*
   d) *Training*
   e) *Aufdecken*
   f) *Entwickeln*
   g) *Verknüpfen*

4. *Welche Methode passt zu der Art der Intervention?*
   (kreative Methoden siehe folgendes Kapitel)

---

[194] Aus : http://gwdu19.gwdg.de/~kflechs/iikdiaps5-96.htm#iikdiaps5-96b , KARL-HEINZ FLECHSIG, 23.5.2000

Es stellt sich folgende Frage:

Wann sind kreative Interventionen als erfolgreich zu bewerten?

Ein positives Ergebnis könnte im ersten Schritt das Anregen des kreativen Prozesses sein, der ein Erkennen von Lösungen und Veränderungsmöglichkeiten mit sich bringen kann. „Interventionen sind also zunächst dann geglückt, wenn sie Anlässe für kognitive Operationen abgeben, als Anregung für Denkprozesse aufgenommen werden."[195]

Das alleine reicht jedoch nicht aus! Im Mittelpunkt eines zweiten Schrittes sollte die Übertragung der Ergebnisse in die Problemsituation des Klienten sein. Was tut der Klient in den nächsten Tagen, welche neue Verhaltens- oder Denkweise will er ausprobieren, anwenden? Der Transferfaktor (Transfer der Erkenntnisse in den Alltag) hat also größte Bedeutung für die Frage, wann eine Intervention, oder Maßnahme als erfolgreich zu bewerten ist. Dies erreicht der Coach z.B. durch das gemeinsame Festlegen von Teilzielen bis zur nächsten Sitzung.

Nach TITSCHER bestimmen unter anderem vier äußere Faktoren den Erfolg von Interventionen:

- **zeitlicher Faktor** – Erfolgt die Intervention zum richtigen Zeitpunkt?
- **historischer Faktor** – Waren bisher durchgeführte Interventionen erfolgreich? Haben Klient oder Berater positive oder negative Erfahrun-gen mit Interventionen gemacht, beeinflusst das ihre Einstellung zu allen weiteren und somit auch den Erfolg/die Erfolgserwartung
- **örtlicher Faktor** - Ist das Setting so gewählt, dass die Interventionen optimal durchführbar sind?
- **Akzeptanz-Faktor** – Werden die Maßnahmen vom Klienten akzeptiert und ebenfalls für sinnvoll gesehen?

---

[195] TITSCHER 1997 S. 136

Es besteht ein dialektisches Zusammenspiel zwischen den äußeren Faktoren und der Intervention selber. Sind die Bedingungen für einen Faktor ungünstig, kann sich dies negativ auf die gesamte Intervention auswirken.

Einflussfaktoren Interventionen:

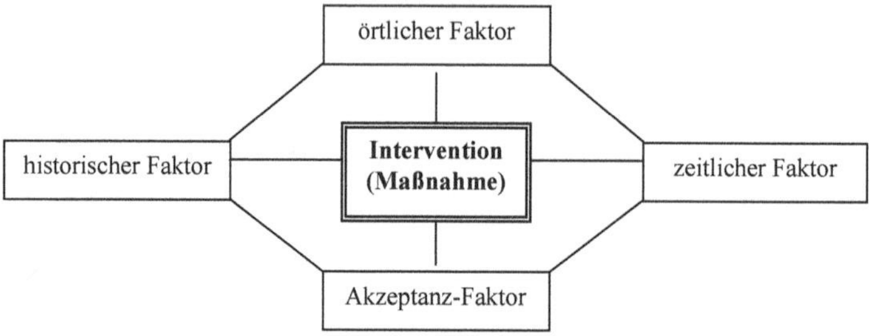

Abbildung 9: Einflussfaktoren Interventionen

Ein Coach interveniert immer auf mehreren Ebenen und ein Coaching betrifft, im ganzheitlichen Sinn, immer mehrere der oben genannten Bereiche, z.B. sind „geänderte Arbeitsformen ohne geänderte Regeln auf längere Sicht undenkbar – neuer Wein in alten Schläuchen."[196] Dennoch kann gezielt auch nur in einem der oben genannten Bereiche interveniert werden. Interventionen, die gezielt auf einen Bereich einwirken, haben ebenfalls Auswirkungen auf die anderen Bereiche.

Nachdem die Rahmenbedingungen genannt sind, der Begriff kreative Intervention definiert wurde, die Wirkungen von Interventionen skizziert sind, Erfolgsfaktoren genannt sind und die Bereiche, die Ziele von Interventionen sein können, genannt wurden, stellt sich die Frage, mit welchen kreativen Methoden ein Coach intervenieren kann.

---

[196] Ebd. S. 144

3.2.5 Kreative Methoden

Kreative Methoden werden in Beratungsprozessen angewendet, um gezielt kreative Prozesse ablaufen zu lassen. Der kreative Prozess auf den ich mich beziehe, durchläuft die vier Phasen *Vorbereitung, Inkubation, Eingebung, Umsetzung.* Die Phasen der *Vorbereitung* und *Umsetzung* sind von **Logik** (konvergentem Denken) bestimmt; die Phasen der *Inkubation* und *Eingebung* sind von **Intuition** (divergentem Denken) bestimmt[197]. Mit kreativen Methoden wird demnach versucht, gezielt die Logik oder die Intuition anzuregen.

Nach welchen Kriterien können kreative Methoden unterschieden und systematisiert werden?

In der Literatur ist oftmals eine Unterteilung in **systematisch-analytische Methoden** und **intuitiv-kreative Methoden**[198] zu finden.

Systematisch-analytische Methoden helfen, gründlich und konsequent alle denkbaren Lösungsrichtungen herauszuarbeiten. Das logische Denkvermögen steht hier im Vordergrund. Es wird darauf vertraut, dass der Verstand eine Menge zur Lösung einer Aufgabe oder eines Problems beitragen kann. Die *Informationssammlung* steht bei diesen Methoden im Vordergrund.

Die **intuitiv-kreativen Methoden** hingegen dienen der Anregung des kreativen Denkvermögens. Es wird versucht, die Gedanken von der Logik zu lösen, sie zu verwirren, um dadurch ungewöhnliche, neue Ergebnisse aus dem Unbewussten zu bekommen. Die Suche nach *neuen Verknüpfungen* steht bei diesen Methoden im Vordergrund.

Vergleicht man nun den kreativen Prozess und den Problemlösungs-Prozess, lässt sich feststellen, wann **welche Art** der oben genannten Methoden in **welcher Phase** der beiden Prozesse am besten einzusetzen ist.

Im kreativen Prozess ist die erste Phase der *Vorbereitung* die Phase der Informationsbeschaffung. Sie lässt sich mit den Phasen *Erkennen* und *Analyse*, den ers-

---

[197] analog Kapitel 3.1.
[198] SCHLICKSUPP 1999, S. 59

ten Phasen im Problemlösungsprozess, vergleichen. **Systematisch-analytische Methoden** können hier helfen, alle Eventualitäten zu bedenken.

Darauf folgend finden im kreativen Prozess die Phasen der *Inkubation* und der *Eingebung* statt. Es wird versucht, sich vom Problem zu lösen. Im Problemlösungsprozess finden analog dazu die Phasen *Zielformulierung* und *Ideenfindung* statt. Hier wäre die Anwendung von **intuitiv-kreativen Methoden** angebracht, denn es soll das Unbewusste auf eine Lösung befragt werden.

Ist ein Ergebnis oder eine Lösung vorhanden, folgt im kreativen Prozess daraufhin die Phase der *Umsetzung*. Im Problemlösungsprozess finden analog dazu die Phasen *Bewertung*, *Erarbeitung von Lösungswegen*, *Umsetzung* und *Reflexion* statt. Diese Einzelschritte können jedoch ebenfalls unter der Überschrift des kreativen Prozesses *Umsetzung* zusammengefasst werden. In dieser Phase können **systematisch-analytische Methoden** angewendet werden, um die nächsten logischen Schritte zu erkennen und gezielt auf ein Ergebnis hinzuarbeiten.

Wie kann man diese Feststellungen für den Coaching-Prozess nutzbar machen?
Der Coach gezielt die Art von kreativen Methoden einsetzen, die für einen Fortschritt im Coaching-Prozess am sinnvollsten ist. Am Anfang des Coaching-Prozesses wird er zum Beispiel, wie oben beschrieben, mit **systematisch-analytischen Methoden** versuchen, zu einer Analyse der Situation des Klienten und seiner Probleme zu kommen. Der Gewinn der Unterteilung in drei Teilschritte ist es, dass der Coach den Wechsel von Logik zu Intuition und umgekehrt bewusst initiieren und mit kreativen Methoden begleiten kann. Es wird im Coaching-Prozess viele Situationen geben, in denen es **nicht angebracht** ist, mit kreativen Methoden zu arbeiten und z.B. gesprächstherapeutische Techniken angebrachter sind. Für den bewussten Einsatz von kreativen Methoden ist es jedoch notwendig, dass diese Unterteilung getroffen wird und dass der Coach sich dieser bewusst ist.

In *Abbildung 9* werden die Zusammenhänge visualisiert.

Die Anwendung kreativer Methoden

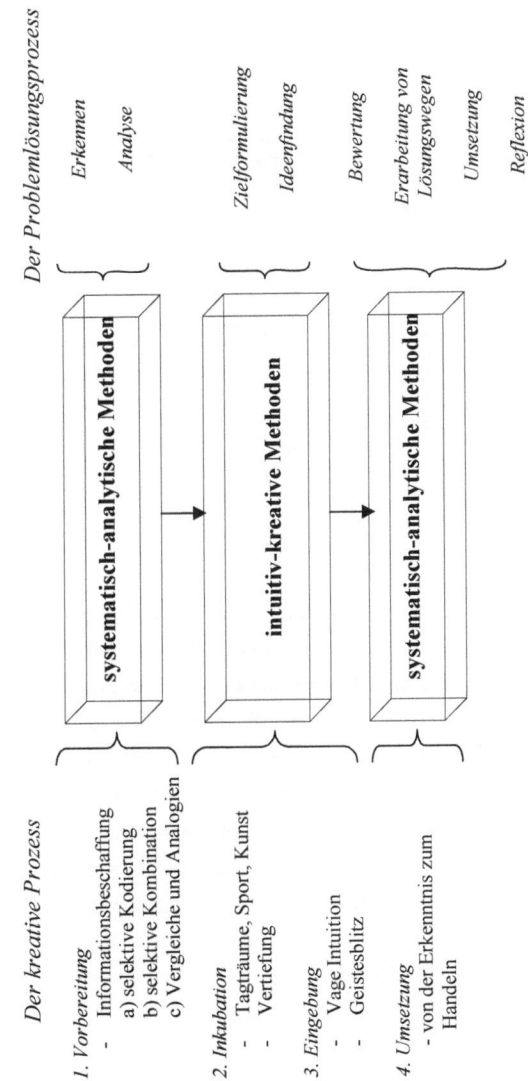

Der Problemlösungsprozess

Erkennen

Analyse

Zielformulierung

Ideenfindung

Bewertung

Erarbeitung von
Lösungswegen

Umsetzung

Reflexion

systematisch-analytische Methoden

intuitiv-kreative Methoden

systematisch-analytische Methoden

Der kreative Prozess

1. Vorbereitung
- Informationsbeschaffung
  a) selektive Kodierung
  b) selektive Kombination
  c) Vergleiche und Analogien

2. Inkubation
- Tagträume, Sport, Kunst
- Vertiefung

3. Eingebung
- Vage Intuition
- Geistesblitz

4. Umsetzung
- von der Erkenntnis zum
  Handeln

Abbildung 10: Die Anwendung kreativer Methoden

Es stehen also, unterteilt in die zwei Obergruppen **intuitiv-kreative Methoden** und **systematisch-analytische Methoden**, verschiedene Kreativitätstechniken zu Verfügung. Die bekanntesten sind:

Eine Auswahl an Kreativitätstechniken[199]

systematisch-analytische Methoden
Morphologischer Kasten
Morphologische Matrix
Sequentielle Morphologie
Attribute – Listing
Problemlösungsbaum

intuitiv-kreative Methoden
Reizwort-Analyse
Brainwriting-Pool
SIL – Methode
Synektik
TILMAG-Methode
Semantische Intuition
Visuelle Synektik
Imaginäres Brainstorming

Diese Kreativitätstechniken sind zum Teil allgemein bekannt (wie etwa das Brainstorming) oder stehen im Mittelpunkt zahlreicher Publikationen. **Bis zu diesem Kapitel habe ich mit dieser Arbeit versucht, eine Theoriegrundlage für die Anwendung von allgemeinen kreativen Methoden in Coaching und Beratung zu legen.** Weiterführendes für diese Art der Kreativitätstechniken ist zum Beispiel bei SCHAUDE, GÖTZ: *Kreativitäts- Problemlösungs- und Präsentationstechniken* oder bei SCHLICKSUPP, HELMUT: *Innovation, Kreativität und Ideenfindung* zu finden. Dort werden die üblichsten Kreativitätstechniken (s.o.) erläutert und beschrieben. Wer daran interessiert ist, den verweise ich auf die oben genannte Literatur, denn in dieser Arbeit verfolge ich eine andere Absicht.

---

[199] SCHLICKSUPP 1999, S. 59

Ende 2000 sind in Deutschland bereits über 200 Publikationen zum Thema Kreativität erschienen – Tendenz steigend. So stellt sich die Frage, welchen kreativen (originellen) Schwerpunkt diese Arbeit bietet.

Wer über Kreativität nachdenkt, wird spontan eine Verknüpfung mit *künstlerischem Tun* herstellen können. Dennoch beziehen sich die meisten der üblichen Kreativitätstechniken auf Methoden, mit denen versucht wird, auf einer *sprachlichen* Ebene Probleme zu lösen. Der Mensch ist, wie in Kapitel 3.1.5. *Lernen mit allen Sinnen* beschrieben, ein multisensorisches Wesen, das mit verschiedenen Sinnen seine Umwelt wahrnimmt. Wenn lediglich ein sensorisches System auf der Suche nach einer Lösung angesprochen wird, reduzieren sich die Möglichkeiten des Unterbewusstseins, Assoziationen und Verknüpfungen herzustellen wesentlich. Ein Großteil des Potentials bleibt ungenutzt und das Ergebnis der Arbeit wird Ausdruck dieser *mentalen Unterforderung* sein. Außerdem ist eine der Grundannahmen dieses Konzeptes, dass der Mensch, als Einheit von Seele, Geist und Körper, zu ganzheitlichen, d.h. multisensorischen Formulierungen fähig ist. Die Sprache kann Wahrnehmung zwar in Worten und Lauten formulieren, doch sie ist nicht das einzige Ausdrucksmittel, das dem Menschen gegeben ist. „Denn der Gedanke ist ein Vogel, der Raum braucht und in einem Käfig von Worten zwar seine Flügel ausbreiten, aber nicht fliegen kann."[200] **Sinnliche Eindrücke können über künstlerische Handlungen Ausdruck finden.** Die sprachlichen Äußerungen sind von der Intuition durch die Logik gereinigt worden, denn die Logik ist notwendig, um sinnvolle sprachliche Formulierungen zu schaffen. Sinnlicher Ausdruck hingegen kann eine unmittelbare Äußerung der Intuition sein, die nicht immer direkt, logisch und analytisch erschlossen werden kann.

---

[200] GIBRAN, KAHLIL: *Der Prophet.*; Walter-Verlag, Düsseldorf 1998, S. 71

Kreative Methoden, die sinnliche Formulierungen ermöglichen, haben mit künstlerisch/gestalterischer Tätigkeit zu tun.

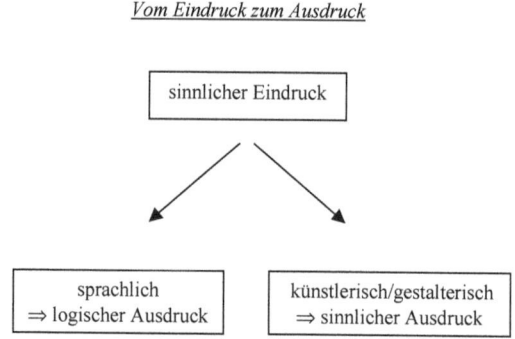

Vom Eindruck zum Ausdruck

Abbildung 11: Vom Eindruck zum Ausdruck

Ich führe an dieser Stelle eine neue Kategorie kreativer Methoden ein und nenne sie fortan ***sinnlich-gestalterische Methoden.*** Gestalterisch bedeutet in diesem Zusammenhang das aktive Umformen, Neu-Arrangieren von einer Sache oder einem, bzw. mehreren Gegenständen. „Alle Aktivitäten, die ein schöpferisches Moment oder kreative Ansätze enthalten und dadurch etwas von der Persönlichkeit des Gestalters oder „Schöpfers" ausdrücken und wiedergeben, können vorteilhaft als gestaltende bzw. gestalterische Verfahren bezeichnet werden."[201] Gestalterische Tätigkeit ist oft auch künstlerische Tätigkeit. Ich halte mich hier an den Vorschlag von FRANZKE, der für die Methoden der Gestalttherapie formuliert hat: „Jedes Kunstwerk mag unter anderem auch schöpferisch sein, aber nicht jede schöpferische Gestaltung ist Kunst."[202] Sie braucht auch nicht als Kunst bezeichnet sein, um im Coaching-Prozess Sinn und Platz zu finden.

---

[201] FRANZKE, ERICH: *Der Mensch und sein Gestaltungserleben,* Verlag Hans-Huber, Bern 1976, S. 11
[202] Ebd. S. 11

Die Formulierung *gestalterisch* bringt gegenüber der Formulierung *künstlerisch* (die auch denkbar wäre) zwei Vorteile:

a) Ausflüchten des Klienten wird vorgebeugt („Ich kann ja gar nicht malen.", „Ich habe kein Talent."), denn *gestalten* kann jeder.

b) Die Aufmerksamkeit kann primär auf den Gestaltungsprozess gelenkt werden und dem Endprodukt wird weniger Bedeutung beigemessen.

Gestalterische Tätigkeiten sind zum Beispiel Zeichnen, Malen und Modellieren. Auf dem Grenzbereich zwischen logischem und sinnlichen Ausdruck bewegt sich die Poesie. Sie tritt auf in sprachlich, textualer Form, wird jedoch ebenfalls als Kunst bezeichnet. In Kapitel 4 werden ebenfalls Methoden vorgestellt, die mit sprachlichen Formulierungen arbeiten, doch es sei an dieser Stelle betont, dass es einen Unterschied zwischen sinnlichem und logischem Ausdruck gibt. In diesem Konzept schließe ich bewusst musikalische Darstellungsformen aus. Ich bin davon überzeugt, dass diese ebenfalls erfolgreich in einem Coaching-Prozess eingesetzt werden können, eine Berücksichtigung würde jedoch den Rahmen dieser Arbeit sprengen. Ein Ansatz für eine weiterführende Arbeit könnte darin bestehen, die Anwendbarkeit von Methoden aus der Musiktherapie für den Coaching-Prozess zu überprüfen.[203]

Dieses Konzept konzentriert sich auf die Anwendung von:
- **Methoden aus der psychologischen Morphologie nach WILHELM SALBER,**
- **Methoden aus der kreativen Kunstrezeption nach SCHRÖTER/WANGERIN und**
- **kreativen Aufgabenstellungen zur Bearbeitung von Problemen und zur Selbstfindung nach CHERI HUBER**

Zusammengefasst lässt sich die Anwendung dieser Methoden in Coaching und Beratung wie folgt begründen: „Beim Zeichnen, Malen, Modellieren und

---

[203] Ein entsprechender Ansatz liegt vor von PAOLO J. KNILL und HELMUT DECKER-VOGT. Beide sind als Initiatoren des *Internationalen Hochschulprogramms für Musik- und Ausdruckstherapeutische Methoden in Beratung und Coaching* zu sehen. Ab dem Sommer 2000 wird diese Ausbildung berufsbegleitend an der Europäischen Hochschule für Berufstätige (EHB) in Leuk, Wallis angeboten.

Darstellen können Dinge, Sachverhalte, Gefühle, Stimmungen u.v.a. oft besser in Farbe, in Ton oder mit Gebärden ausgedrückt werden, als dies sonst mit Worten möglich ist."[204]

Durch das Medium Kunst gewinnt das Coaching im Gegensatz zu rein sprachlichen Beratungskonzepten eine sinnliche Dimension.

Ich lege in dieser Arbeit einen Schwerpunkt auf die Darstellung der oben genannten Methoden, weil diese meiner Recherchen nach bislang kaum oder nur sporadisch im Rahmen von Coaching und Beratung eingesetzt werden.

Gründe für diese Annahme sind:

- Es gibt im deutschsprachigen Raum nur vereinzelt Veröffentlichungen, die mit Erfahrungsberichten dieses Thema beschreiben und auf eine etwaige Verbreitung Rückschlüsse zulassen.
- Ebenfalls ist bislang noch kein befriedigendes Theorie-Fundament für die Anwendung dieser Art von Methoden in Beratung und Coaching gelegt worden.
- Es gibt viele Angebote von Kunsttherapeuten, jedoch nur wenige, die mit einem Angebot *Coaching und Kunst* an die Öffentlichkeit getreten sind.

Mit dieser Arbeit versuche ich, diese Lücke zu schließen.

Die neue Kategorie sinnlich-gestalterischer Methoden umschließt zwei Typen von Methoden:

a) Methoden, die **direkt zu gestalterischer Tätigkeit** führen und

b) Methoden, die **über die Rezeption von Kunst** einen kreativen Prozess anregen und ggf. auch zu gestalterischer Tätigkeit führen.

Übergeordnet besteht auch bei der Anwendung dieser Art von Methoden im Coaching-Prozess die Absicht, eine Lösung für ein Problem oder eine Idee für eine Aufgabenstellung zu finden.

---

[204] FRANZKE, ERICH 1977, S. 28

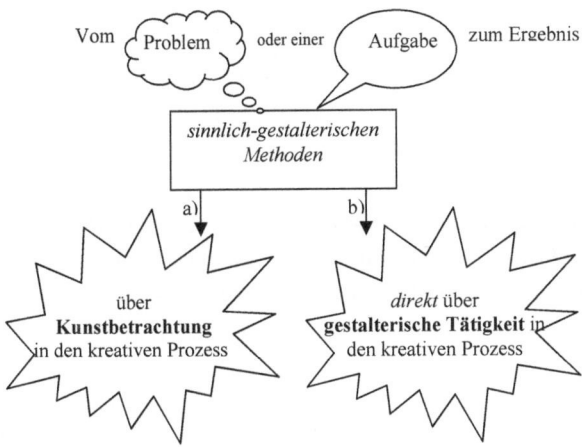

Abbildung 12: Sinnlich-gestalterische Methoden im Coaching

Anhand der Kategorien Typ a) und b) lassen sich die im Folgenden beschriebenen Methoden einteilen und beschreiben.

- Zuerst werde ich die **Psychologische Morphologie**, die von HANS-CHRISTIAN HEILING in Coaching-Prozessen angewendet wird, näher betrachten. Der Kölner Psychologe benutzt den kunsttherapeutischen Ansatz von WILHELM SALBER, indem er seine Klienten im Museum abstrakte Kunstwerke beschreiben lässt. Über das Beschreiben des Kunstwerks bekommt HEILING Informationen, über den Klienten und über seine Umgangsweise mit dem Problem/der Aufgabe, die im Coaching bearbeitet werden soll.

- Als nächstes werde ich den Ansatz der **kreativen Kunstrezeption** von MANN/SCHRÖTER/WANGERIN untersuchen. Dieses Konzept wird hauptsächlich in der Erwachsenenbildung mit Gruppen angewendet, ist aber meiner Meinung nach ebenso für eine *Eins-zu-Eins-Situation* im Coaching geeignet. Über die Betrachtung (Rezeption) eines Kunstwerkes und das Stellen einer Aufgabe wird ein kreativer Prozess angeregt, der

Aufschluss über die Situation des Klienten und seinen Umgang damit gibt.

-   Zum Schluss werde ich die **kreativen Aufgabenstellungen** von CHERI HUBER aus dem Buch „How You Do Anything Is How You Do Everything" vorstellen und Vorschläge für deren Anwendung im Coaching-Prozess machen.

Die drei Methodenansätze lassen sich grob nach **beschreibend, analysierender** Tätigkeit und **aktivierend, gestalterischer** Tätigkeit unterscheiden. Hier spielt ebenfalls wieder die Unterscheidung *Logik↔Intuition* eine Rolle, wie sie auch im Kapitel 3.2.4. betrachtet und beschrieben wurde.

	Kunstbetrachtung (Typ a)	*Kreative Aufgabenstellung (Typ b)*
beschreibend,analysierende Tätigkeit (Logik)	Psychologische Morphologie (HANS-CHRISTIAN HEILING)	"How You Do Anything Is How You Do Everything" ((CHERI HUBER)
aktivierend,gestalterische Tätigkeit (Intuition)	Kreative Kunstrezeption (MANN/SCHRÖTER/WANGERIN)	

Im nächsten Kapitel werde ich die drei Methodenansätze vorstellen und ihre Anwendbarkeit im Coaching-Prozess untersuchen.

4. Coaching und Kunst

Was passiert, wenn ein Klient im Coaching-Prozess ein Kunstwerk betrachtet, und/oder selber künstlerisch, bzw. gestalterisch aktiv wird?

Künstlerisch tätig zu sein hat mit Kommunikation zu tun! Durch das *in Kontakt treten* mit dem Objekt, das Gegenstand der künstlerischen Auseinandersetzung ist, begibt sich der Klient in einen Kommunikationsprozess. „Der Klient spricht weder mit sich selbst, noch mit seinem [Coach], aber mit dem Kunstobjekt."[205] Auf diesem Wege wird vormals Sprachloses zur Sprache gebracht. Das, was nicht gesagt oder ausgedrückt werden konnte, kann auf einer *nicht-sprachlichen Ebene* Ausdruck finden. Die stattfindende Kommunikation bezieht sich also nicht „auf die Analyse des Kunstwerks, sondern auf das Gespräch des Rezipienten mit sich selbst."[206] Über den *Umweg* Kunst tritt der Klient mit sich in Kontakt. Diese Kommunikation ist oft vage, intuitiv und von diffusen Emotionen geleitet. Wenn ein Gedanke oder ein Gefühl vom Klienten durch die Beschreibung von Kunst oder durch eigene künstlerische Produktion veräußert wurde, kann er dazu Stellung nehmen, es betrachten und verändern.

„Das Seelische folgt ‚ästhetischen' Gesetzen – so wie die Kunst den gleichen Sinnzusammenhang von Wirklichkeit voraussetzt wie das Seelische. Vorgestaltliches, Vages, Komplexes, Verdichtetes sind nicht Mängel, sondern lebenswichtige Wirklichkeiten; sie sind unumgänglich, wenn wir mit der Vielfalt und dem Werden von Wirklichkeit zurande kommen wollen – wenn wir Leben gestalten wollen."[207] SALBER sieht in diesem Zusammenhang Kunst als Spiegel der Seele, als Prototyp der Wirklichkeit. Jeder Mensch ist Spezialist für die Wahrnehmung der eigenen inneren Vorgänge. Um die geht es beim künstlerischen, wie auch beim kreativen Prozess. Es wird versucht, im Dialog mit dem Unbewussten, dem Seelischen, der Intuition zu treten. Kunst hat die Aufgabe dieses *in Kontakt treten* zu initiieren, zu fördern oder überhaupt erst

---

[205] RECH, PETER: *Kunst als Gegenständliche Therapie. Mit praktischen Nutzanwendungen.*; in Kossolapov, Line/ Manzmann, Anneliese: *Kreativität und Therapien*; Verlag Karl Heinrich Bock, Bad Honnef 1985 S. 166
[206] Ebd. S. 166
[207] SALBER, WILHELM: *Kunst-Psychologie-Behandlung*; Bouvier Verlag, Bonn 1977, S. 40

möglich zu machen. Der Kölner Psychologe HANS CHRISTIAN HEILING stellt bei seiner Arbeit fest: „Über Kunst haben die Teilnehmer weniger Schwierigkeiten, der Wahrheit ins Gesicht zu blicken."[208] Denn wer über Kunst redet, offenbart immer auch etwas über sich, über seine Verfassung, Einstellung usw.

Neben dem reinen *Kunst-Betrachten* kann jedoch auch das eigene *Produktiv-Werden* eine Rolle im Coaching-Prozess spielen. Der Coach kann durch kreative Aufgabenstellungen seinen Klienten dazu anregen, selber kreativ zu werden. „Grob eingeteilt können wir feststellen, dass die Gestaltung mit bildnerischen Mitteln eine extrem individualisierende Wirkung hervorruft, die den einzelnen Teilnehmer auf sich selbst ausrichtet."[209] Auch an diesem Punkt geht es, bezogen auf den Coaching-Prozess, nicht um besondere künstlerische Fähigkeiten, sondern um die Wahrnehmung der eigenen inneren Vorgänge. Die Prozessorientierung im Coaching, bei der die inneren Prozesse vor den ästhetischen Prozessen stehen, „befreit von einem Leistungsdruck, ohne dass damit schon a priori eine Leistung ausgeschlossen ist."[210]

Im Folgenden Kapitel werde ich die Ansätze von HANS CHRISTIAN HEILING, MANN/ SCHRÖTER/ WANGERIN und CHERI HUBER näher betrachten und auf ihre Anwendbarkeit im Coaching-Prozess hin untersuchen.

---

[208] GRAF, JÜRGEN in: *manager seminare*, Ausgabe Mai 1999 S. 91, Artikel über HANS CHRISTIAN HEILING
[209] FINKEL, KLAUS/ DECKER-VOIGT, HANS-HELMUT: *Spiel und Aktion*, Pädagogischer Verlag Schwann, Düsseldorf 1980, S. 12
[210] Ebd. S. 11

4.1 Psychologische Morphologie

HANS CHRISTIAN HEILING ist Diplom-Psychologe und lebt in Köln. Dort hat er an der Universität unter anderem bei WILHELM SALBER studiert und das Konzept der *psychologischen Morphologie* kennen gelernt. In der Ausgabe Mai 1999 der Zeitschrift *manager seminare* wurde ein Artikel über HEILINGS neuartige Arbeitsweise unter dem Stichwort *Kunst und Coaching* abgedruckt: HEILING geht mit seinen Klienten ins Museum und kommt mit ihnen über Kunstbetrachtung ins Gespräch. Er sieht seine Arbeit im Grenzbereich zwischen Coaching und Behandlung/Therapie. Da sein Angebot ebenfalls unter dem Stichwort Coaching erscheint, ist seine Arbeit für dieses Konzept interessant. Im Folgenden werde ich die Theoriegrundlage für HEILINGS Arbeitsweise kurz beleuchten, indem ich Texte von WILHELM SALBER hinzuziehe. Darauf aufbauend stelle ich HEILINGS Arbeitsweise dar und untersuche die Anwendbarkeit seiner Vorgehensweise im Coaching.

4.1.1 Theoretische Grundlagen

WILHELM SALBER, geboren 1928 in Aachen, war dreißig Jahre Direktor des Psychologischen Instituts der Universität zu Köln. Er entwickelte dort das Konzept einer psychologischen Morphologie, das, seiner Auffassung nach, der Erforschung der Alltagskultur, der Medien und der Geschichte der Psychologie einen neuen wissenschaftlichen Rahmen bietet. Die Ergebnisse seiner Untersuchungen hat er in 30 Büchern und 125 Abhandlungen dargestellt. Das 1977 erstmals erschienene Buch *Kunst-Psychologie-Behandlung*[211] ist für HEILING ein Hauptwerk zum Thema *psychologische Morphologie*. Dort beschreibt SALBER ausführlich die Zusammenhänge zwischen Seelischem und Kunst.

Für SALBER ist die Verknüpfung von Kunst und Psychologie unter anderem deshalb sinnvoll, „weil die paradoxen Konstruktionsprobleme von Kunst den Problemen jeder seelischen Produktion entsprechen: Schein und Sein, Sein und Wollen oder Sollen, „natürliche" und „gemachte" Realität, Geheimnisse

---

[211] SALBER, WILHELM: *Kunst-Psychologie-Behandlung*; Bouvier Verlag, Bonn 1977

und Transparent-Werden"[212]. Grundannahme für diese Überlegungen ist, dass „Seelisches als eine Produktion zu verstehen"[213] ist, die bestimmten Produktionsgesetzen unterliegt. Kunst folgt den gleichen Mechanismen, wie andere Ergebnisse (Produkte) psychischer Vorgänge auch und kann somit stellvertretend für alle psychischen Vorgänge betrachtet und untersucht werden. Werden die psychischen Vorgänge, die bei Kunstbetrachtung oder Kunstproduktion stattfinden, erkannt, können ebenfalls Rückschlüsse über die Wirkungsmechanismen anderer psychischer Vorgänge gemacht werden, so SALBERs Theorie. *Kunst* und *Seele* haben ähnliche Strukturen, behauptet er und vermutet deshalb: „Das Seelische kann nach Art eines Kunstwerks verstanden werden."[214] Die Komplexität des Seins findet in der Kunst einen Ausdruck und hilft zu erkennen, wie verwoben die Ursachen und Zusammenhänge menschlichen Handelns sind. Kunst macht seiner Auffassung nach auch die Gestaltbarkeit der Wirklichkeit spür- und nachempfindbar. SALBER fasst seine Forschung unter dem Titel *psychologische Morphologie* zusammen, wobei *Morphologie* nach seinem Verständnis auch als *Gestaltbarkeit* bezeichnet werden kann.

Der Zusammenhang zwischen Seelischem und Kunst ist scheinbar paradox, denn nicht das Eine bringt das Andere hervor - vielmehr sind beide zwei Seiten derselben Medaille: „Hier gilt nicht die Frage nach Henne oder Ei. Das ganze konstituiert sich als ein seltsames „Indem" von Gegenläufen, Ergänzungen, Forderungen, Erfüllungen, Übergängen."[215]

In der Kunst werden, nach SALBERS Auffassung, Extreme aufgezeigt und polarisiert. Wenn ein Kunstwerk zum Beispiel einen Wolkenhimmel zeigt, dann lässt sich dort ebenfalls eine Stimmung, etwa Heiterkeit, finden. Dennoch, bei allem Festgehaltenen (wie etwa eine momentane Stimmung), steht das Kunstwerk an einem Übergang. SALBER bezeichnet diese Übergänge als ***Brechungen***. Das Verständnis seines Konzeptes von Kunst und Psychologie hängt eng mit seiner Vorstellung von Brechungen zusammen.

---

[212] Ebd. S. 10
[213] Ebd. S. 17
[214] Ebd. S. 12
[215] Ebd. S. 27

Eine Kernthese ist: „Produktionen werden durch Brechungen zusammengehalten – Brechung ist das Einheitsprinzip von Kunst.“[216] (Unter Produktionen versteht SALBER, wie schon oben kurz erläutert, alles Seelische.) Brechungen sind in diesem Kontext nicht als etwas negatives, alles zerstörendes, sondern vielmehr als eine Veränderung, als einen Übergang zu etwas Neuem zu verstehen. „In Brechungen zeigt sich, was mehr oder weniger zusammenhängt: Sich-Ergänzendes, Beugen und Strecken, Ganzes und Glieder, Kern und Schale, Bewegung zwischen Hell und Dunkel, Veränderlichem und Festgelegtem.“[217]

Wer Kunst betrachtet, sucht nach Stützen zur Beurteilung, zur Einordnung des Gesehenen. „Für den Umgang mit Kunst spielt die Frage nach „Uneigentlichem“ oder „Gefälschtem“ eine wichtige Rolle. Man ersehnt Anhaltspunkte, „Aufgesetztes“, „Gelogenes“, „Unwahres“, Ungekonntes, „Nicht-Konsequentes“ zu entlarven. (...) Die Suche nach Beurteilungskriterien ist Suche nach Anhaltspunkten, Konsequenzen und Ausdrucksbildungen...“[218] Dieselbe Suche drängt auch die Psyche dazu, Beurteilungskriterien für ein Verständnis der Welt, der Wirklichkeit anzulegen. Wenn jedoch jede Wirklichkeit immer nur die Schwelle zu einer neuen Wirklichkeit ist, sind die Beurteilungskriterien, die gestern noch halfen die Welt zu verstehen, morgen vielleicht schon wieder ungültig, unpassend. Ein Blick zur Kunst kann hier eine Lösung bieten. Wenn alle Beurteilungskriterien bei der Betrachtung von Kunst nicht mehr weiterhelfen, bleibt als ästhetisches Grundmuster nur noch die Brechung. So kann auch Wirklichkeit aus der Sicht von Brechungen betrachtet werden. Brechungen sind dann etwas Verbindendes: „Seelisches verbindet sich, indem es sich ändert: so gehen Entwicklungen vor sich, so erfüllt sich etwas im Aufgehen in anderes, so vollziehen sich Metamorphosen.“[219] Da alles in dialektischen Abhängigkeiten zueinander besteht, bedingt gerade die Unbeständigkeit von festen Anhaltspunkten, dass der Mensch seine (schwebende) Situation erkennt und damit umgehen lernt.

---

[216] Ebd. S. 29
[217] Ebd. S. 29
[218] Ebd. S. 33
[219] Ebd. S. 30

Ein Beispiel für Brechungen und individuelle Wertung:
Man stelle sich ein Farbschema vor, welches z.B. fließend von
gelb in schwarz übergeht (ähnlich der Abbildung rechts).
Wenn man unabhängig voneinander zwei Personen fragen
würde, wann das Schwarz in dem Schema dem Gelb überwiegt,
würde jeder eine unterschiedliche Antwort geben. Als Brechung könnte man
hier den Übergang von einer Farbe in die andere bezeichnen.

Die Wertung und auch der Umgang damit ist individuell von der Person abhängig. Es gibt keine allgemeingültige Wertung mehr. Jede Regel oder Norm
(z.B. eine fiktive Regel: „Gelb ist in dem Farbschema bei 80% Schwarz prak-
tisch nicht mehr sichtbar") ist eine Regel, die eine Person als Regel anerkennt
oder ablehnt. Erkennt sie sie an, festigt sich die Regel (in der Gesellschaft, im
Umfeld der Person), lehnt sie sie ab, trägt das zur Umformulierung der Regel
bei. Ähnliches gilt für die Kunst. Es werden Regeln aufgestellt und wieder
gebrochen, so dass der Betrachter sich seiner Position nie sicher sein kann.
„Wir beginnen die Entwicklungsmöglichkeiten der Wirklichkeit, ihre Übergänge, Verhältnisse, das Angewiesensein und das Doppelleben von Wirksamkeiten zu verfolgen."[220] Dabei versteht SALBER unter *Wirksamkeiten* eben diese Konstruktionen, mit denen der Mensch versucht, seine Wirklichkeit zu erklären, die jedoch genauso von einem auf den anderen Moment wieder um-
kippen bzw. ungültig werden können. SALBER sieht in STEINBERG einen
Künstler, der in seiner Arbeit die Wirklichkeit ständig neu konstruiert hat.
„STEINBERG lernte darzustellen, daß Verwandlung ein Lebensprinzip ist; und
er lernte gleichzeitig darzustellen, daß es Prinzipien der Verwandlung gibt."[221]
Gerade dann, wenn in der Kunst z.B. Realität in Surrealität umzukippen
scheint, werden die Gestaltungsmöglichkeiten der Wirklichkeit, sowie auch
die Grenzen dieser Gestaltungsmöglichkeiten, sichtbar. Bei der Betrachtung
von Kunst (z.B. STEINBERGS „Fourteenth street" oder DALÍS „Die Versuchung
des heiligen Antonius") wird der Umgang mit Regeln und Unregelmäßigkei-
ten sichtbar. **Man könnte daraus folgern:** Nur was sichtbar ist, kann sich
verändern. So wird Kunst bei SALBER zum Prüfstein und zum Prototyp der

---

[220] Ebd. S. 34
[221] Ebd. S. 34

Wirklichkeit. „Sie [die Kunstwerke] bringen Wirklichkeit durch Leben zum Leben und, sie lassen Leben durch Leben beschaubar werden – das Leben von Kunstwerken ist wiederum der Prototyp dieser Produktion." (Produktion = seelisches Erleben, s.o.)

Die Konsequenz dieser Theorie ist eine neue Sicht auf innere Zustände. „‚Mitleid und Furcht' sind dann keine ‚inneren Gefühle', sondern Folgen realer Brechungen, die spürbar machen, wie faszinierend und ungeheuerlich Metamorphosen sind."[222] Jeder Gemütszustand kann dann als Reaktion auf eine Brechung gesehen werden. „Die Neugier was andere tun, Neid, Liebe und Haß haben mit den Chancen und Begrenzungen von Verwandlungsmöglichkeiten zu tun: mit dem, was wir haben können oder nicht, mit dem, was uns abgenommen wird, mit dem Können, das uns „Spaß" macht."[223] Brechungen bzw. Veränderungen sind in diesem Verständnis etwas ganz natürliches, dem Gesetz der Veränderung folgendes, da alle Wirklichkeit das Ergebnis des *Vergehens* einer vorangegangenen Wirklichkeit ist. Die Kunst kann hier **Hilfestellung zur Bewältigung** dieser Veränderungen sein, da sie zeigen kann, dass Veränderungen andauernd stattfinden. „Wir müssen durch solche Verwandlungen hindurch, um zu erfahren, was wirklich ist: welche Ordnung und welche Entwicklungsmöglichkeiten es hat. Das sind Beweise für die Sentenzen: Wer sich nicht aufgibt, wird sich nicht finden, nur wer stirbt, kann werden."[224] Mit diesem philosophischen Verweis zeigt SALBER die psychologische Bedeutsamkeit von Kunsterfahrung auf. Kunst kann an die Notwendigkeit von Veränderungen erinnern und dadurch seelisches Leiden lindern, heilen. „Aber das ist nicht mit Appellen an den „Willen" oder von „logischen" Einsichten her ins Werk zu setzen. Das vollzieht sich in den Bildungen und Bildern, die eigenen Gesetzen folgen. Der Umgang mit Kunst verdeutlicht, dass Verwandlung ein geschichtlicher Prozess ist. Daraus folgt die Bedeutung von Einübung, Verdauen, Wiederkehr, Haben, von Um-Wegen, Verlagerun-

---

[222] Ebd. S. 35
[223] Ebd. S. 35
[224] Ebd. S. 35

gen, Umstrukturierungen, von Probieren, von Auskosten und Ausschmücken."[225]

Mit dieser Aussage weist SALBER auf die Anwendbarkeit seiner Theorien in Behandlungs- bzw. Beratungs-Situationen hin: **Kunst erinnert an die Konstruktion der Wirklichkeit und ein Coach/Berater kann durch Kunsterfahrung und Kunstbetrachtung seinen Klienten anleiten, diese Konstruierbarkeit der Wirklichkeit für sich zu erkennen.** Kunst kann einen Umgang mit Brechungen aufzeigen und beispielhaft austragen. Sie macht dadurch „Verwandlungen erfahrbar und verfügbar."[226]

In diesem Abschnitt habe ich die von SALBER beschriebenen Zusammenhänge zwischen Kunst und Psychologie dargestellt. Im folgenden Abschnitt werde ich mich auf den Behandlungsbegriff von SALBER beziehen und untersuchen, welche Erkenntnisse sich für den Coaching-Prozess ergeben.

4.1.2 Behandlungsbegriff

SALBERS Behandlungsbegriff leitet sich in erster Linie von der oben beschriebenen Wirkung von Seele und Kunst ab. „In Realisierungen, Übergängen, Konstruktionen, Einverleibungen, Umbildungen vollzieht sich immer schon Behandlung."[227] Kunst stößt eine Veränderung der Wirklichkeit an bzw. stellt sie dar. Im Herausbilden von Wirklichkeit findet somit nach SALBER immer auch Behandlung statt. *Veränderung* und *Nachwirkung* sind Merkmale von Behandlung. Der Erfolg einer Behandlung lässt sich an der Nachhaltigkeit und an der Ausprägung der Veränderungen feststellen.

„Kunst macht auf Entwicklungsstrukturen aufmerksam; „Symptome" bleiben ohne diese fundamentalen Strukturen unverständlich, und sie lassen sich ohne deren Wandlung auch nicht lösen."[228] Wenn gewisse (Entwicklungs-) Strukturen erkannt werden, wird man sich, nach SALBER, über die Konstruierbarkeit

---

[225] Ebd. S. 35
[226] Ebd. S. 36
[227] Ebd. S. 125
[228] Ebd. S. 125

der Wirklichkeit bewusst. Behandlung wird dann „Entwicklungshilfe"[229], weil sie ein *Sich-Entwickeln-Können*[230] erfahrbar macht. SALBER sieht Behandlung also ebenso als *Hilfe zur Selbsthilfe*, was sein Konzept von Behandlung dem Wirkungskreis von Coaching, wie ich es in dieser Arbeit formuliert habe, annähert. Er will Entwicklungsmöglichkeiten aufzeigen und sieht Störungen als Folge von Veränderungen. Ein Mensch reagiert mit Gefühlen auf die *Veränderung einer Situation* (von SALBER auch als Brechung oder auch Metamorphose bezeichnet). Wenn diese Gefühle nicht mehr angemessen erscheinen oder alleine nicht mehr bewältigt werden können, kann eine Behandlung in SALBERS Sinne greifen. Ein Diagnose- bzw. Störungskonzept liegt dieser Arbeit bisher nicht zugrunde, wobei ich hier dazu neige, das Störungskonzept SALBERS zu übernehmen. Ein Coaching findet, nach den Erläuterungen in Kapitel 1.2. statt, wenn ein Veränderungsprozess initiiert und begleitet werden soll. Die Störung lässt sich beim Klienten in seinem Umgang mit Veränderungen finden. An dieser Stelle wird der Coach mit Interventionen aktiv, um die Veränderungen für den Klienten produktiv nutzbar zu machen.

Welche Vorgehensweise schlägt SALBER vor, wenn eine Störung vom Therapeuten/Berater erkannt wird?

---

[229] Ebd. S. 126
[230] Ebd. S. 126

Nach SALBER gliedert sich eine Behandlung in drei Schritte:

1. „Kunst wird als Prototyp beweglicher Ordnung einsichtig"[231]
Bei der Betrachtung oder Produktion von Kunst wird die Konstruierbarkeit der Wirklichkeit deutlich. Nichts ist fest, alles kann sich verändern und alles ist Ergebnis einer Veränderung.

2. Die „eigenen Situationen werden als Krise und als verrückbar verständlich"[232].
Im nächsten Schritt wird vom Klienten erkannt, wie es zu der Krise bzw. Situation kam und welche Veränderungsmöglichkeiten sich daraus ergeben.

3. Eine „entschiedene Gestalt muß bewerkstelligt werden"[233].
Eine ausgewählte Veränderungsmöglichkeit wird auf ihre Umsetzung hin geprüft und schließlich realisiert.

Entschiedenheit bekommt in diesem Zusammenhang eine große Bedeutung, denn nur wer sich entscheidet, also einen Anhaltspunkt setzt, kann eine Veränderung in Gang bringen. Ein *sich-nicht-entscheiden-wollen* kann hier auf einen unbewussten Konflikt hinweisen, der ebenfalls im Mittelpunkt der Behandlung stehen kann. SALBER spekuliert, dass Gründe dafür z.B. in einer früheren Enttäuschung liegen könnten, wo ein Sich-Festlegen negative Konsequenzen hatte.

Leiden-Können ist ein weiterer Punkt, der in SALBERS Behandlungsbegriff Bedeutung hat. Dabei unterscheidet er zwischen *etwas (nicht) leiden können* und *Leid ertragen*, im Sinne von *die Welt erfahren*. In der Auseinandersetzung mit Kunst werden beide Punkte durchlebt: „Leiden unter Verfehlen, Einlassen auf etwas, das man (zunächst) nicht leiden mag, Bewegen von Leiden-

---

[231] Ebd. S. 126
[232] Ebd. S. 126
[233] Ebd. S. 126

Können und Nicht-Leiden-Können."[234] Kunst kann hier die Verhältnisse von Zu- und Abneigung offen legen und gleichfalls einen Weg zum Umgang damit aufzeigen. Nur durch Lieben (= erleiden) kann nach SALBER die Spannung zwischen den beiden Polen ertragen werden.

Zusammengefasst formuliert SALBER: „Indem wir die Bewegung von Kunst nachmachen, üben wir uns in das „zwischen" den Geschichten wirksame ein, das wir zunächst nicht bemerken. Damit entfalten sich Brechungen, von denen aus Wirklichkeit anders organisiert werden kann."[235] Für ihn ist die Arbeit mit Kunst ein Weg, Behandlung durchzuführen. Diese Auffassung von Behandlung lässt sich meiner Meinung nach ebenfalls auf das Coaching übertragen. SALBERS Behandlungsablauf ist im Coaching-Prozess einsetzbar als *Ist-Zustand Analyse*. Durch die Beschreibung eines Kunstwerks zeigt der Klient seinen Umgang mit Brechungen und der Coach kann daraus Ansatzpunkte für die Initiierung eines Veränderungsprozesses ableiten. „Behandlung geht nach Art der Kunst vor, wenn sie Gegebenheiten hin und her rückt und umbricht, wenn sie Begrenzungen überschreitet, sich dem „Rand" und den „Fransen" von Gestalten zuwendet; wenn sie herausfordert oder Widerstand leistet und wenn sie eine künstliche Welt der Übertragung produziert."[236] Mit *Herausfordern* und *Widerstand leisten* können, auf das Coaching bezogen, *belastende* Interventionen gemeint sein, wie ich sie in Kapitel 3.2.4. beschrieben habe.

Wie wendet HANS CHRISTIAN HEILING die Theorie SALBERS in seiner Arbeitsweise an und wie setzt er sie methodisch um?
Im folgenden Absatz untersuche ich die Umsetzung der Theorie SALBERS in der Arbeit des Kölner Psychologen HEILING.

---

[234] Ebd. S. 129
[235] Ebd. S. 126
[236] SALBER, WILHELM: *Kunst-Psychologie-Behandlung*; Bouvier Verlag, Bonn 1977, S. 130

4.1.3 Methodisches Vorgehen

HANS CHRISTIAN HEILING fasst seine Arbeitsweise ebenfalls unter dem Stichwort *psychologische Morphologie* zusammen, wobei er sich auf die theoretischen Erkenntnisse WILHELM SALBERS bezieht. Da HEILING bisher noch keine eigenen Texte veröffentlicht hat, ich aber etwas über seine Arbeitsweise erfahren wollte, habe ich mich am 8. März 2000 mit ihm in seiner Praxis in Köln getroffen. (Er arbeitet zur Zeit an einer umfassenden Darstellung seiner Forschungsergebnisse zum Thema *psychologische Morphologie*, der Veröffentlichungstermin stand allerdings zum Zeitpunkt dieser Veröffentlichung noch nicht fest.) In einem Interview berichtete er mir über seine Vorgehensweise und über die zugrunde liegenden theoretischen Grundlagen. Der nun folgende Text ist, nach Rücksprache mit ihm, eine Zusammenfassung des von mir aufgezeichneten Interviews.

Zur Person: HANS CHRISTIAN HEILING hat in Köln Psychologie studiert und bei WILHELM SALBER das Konzept der psychologischen Morphologie kennen gelernt. Seit 1990 beschäftigt er sich intensiv mit Kunst und Psychologie. Am Anfang seiner Untersuchungen ist er – nach eigenen Angaben – Stammbesucher des Kölner Museums *Ludwig* gewesen und hat dort für sich alleine Bilder beschrieben, um Aufschlüsse über die psychischen Vorgänge der Bildbeschreibung zu bekommen. Seine Feststellung war, dass es möglich ist, über die Beschreibung von Kunst hinter die Prozesse zu kommen, die zum Entstehen eines Kunstwerks geführt haben bzw. die Absicht des Künstlers nachzuempfinden. Weiterhin erkannte er, dass die Beschreibung von Kunst eine Wirkung auf den Betrachter hat, die er als *Konstruktionserfahrung* bezeichnet. Die eigene Konstruktion der Wirklichkeit wird *durchlässig* für mögliche andere Konstruktionen. Damit dies möglich ist, sollte das Kunstwerk gewisse Merkmale aufweisen. „Der psychologisch-morphologische Kunstbegriff besagt, dass ein Kunstwerk nur dann ein Kunstwerk ist, wenn es ein Paradoxon ist – ein in sich bestehender Widerspruch, der durch eine Metamorphose durchlebt werden kann."[237]

---

[237] HEILING im Interview

Seit 1996 bietet HEILING seine Arbeit als „Coaching und Teamentwicklung" Unternehmen an. So ist z.b. ein Seminarangebot mit dem Titel *Konfrontation mit der Wirklichkeit* im Veranstaltungskalender 1999/2000 des DaimlerChrysler-Bildungszentrums *Haus Lämmerbuckel* zu finden. In diesem Seminar untersucht HEILING mit Mitarbeitern des Konzerns durch Kunstbetrachtung und Gespräche eingefahrene Wahrnehmungs- und Handlungsmuster.

Zur Arbeitsweise: Das am häufigsten gewählte Setting für ein Coaching mit HEILING ist jedoch nicht ein Seminarraum, sondern das Museum. „Ich mag die Atmosphäre der Originale und des Museums"[238] begründet er seine Vorliebe für den ungewöhnlichen Ort. Ein Coaching in den Räumen des Unternehmens kann, seiner Erfahrung nach, oftmals Grund für fehlende Offenheit und Unbehagen bei den Teilnehmern sein. Im Museum ist die Situation offener und die Teilnehmer haben nicht das Gefühl, getestet zu werden oder ein verstecktes Assessment-Center zu durchlaufen. Dennoch hat HEILING auch mit Duplikationen von Kunstwerken (z.B. Dias) experimentiert und festgestellt, dass es ebenfalls möglich ist, damit im Coaching zu arbeiten.

Der methodische Ablauf einer Coaching Sitzung von HANS CHRISTIAN HEILING lässt sich wie folgt beschreiben:

1. der Klient beschreibt das Bild/Kunstwerk frei und losgelöst von seinem Kunstverstand
2. der Berater assoziiert dazu, indem er versucht, Extrempole auszuloten und zu benennen
3. es folgt eine Konstruktion von Wirklichkeit, die sich zwischen den Extrempolen der Klientenbeschreibung befindet
4. der Berater lenkt das Gespräch auf die Wichtigkeit der extremen Polarisierungen und auf die Konstruierbarkeit von Wirklichkeit

Daraus ergibt sich zumeist ein Ansatzpunkt für einen Veränderungsprozess, den der Coach im weiteren Verlauf des Coaching-Prozesses begleitet. Ebenso wie bei SALBER ist die Kunstbetrachtung bei HEILING als ein Einstieg in einen Veränderungsprozess zu sehen.

---

[238] Ebd.

Welche weiteren Erkenntnisse für die Anwendung der Kunstbetrachtung im Coaching-Prozess ergeben sich aus den Betrachtungen der psychologischen Morphologie?

Der nächste Absatz beschreibt den Versuch einer Verknüpfung von psychologischer Morphologie mit dem in diesem Konzept dargestellten Ablauf eines Coaching-Prozesses.

4.1.4 Psychologische Morphologie im Coaching-Prozess

Ein Beispiel: Vom 28.-29. September 2000 fand im *DaimlerChrysler Tagungshaus Lämmerbuckel* das Seminar *Vorsprung der Sieger* statt. Um einen Eindruck von der praktischen Umsetzung des Ansatzes zu bekommen, habe ich das Seminar als Protokollant begleitet. Acht Teilnehmer, größtenteils Führungskräfte, aus unterschiedlichen Bereichen des DaimlerChrysler-Konzerns waren angemeldet, um den *Vorsprung der Sieger* zu halten. Mit dem Ansatz der psychologischen Morphologie führte Heiling mit den Teilnehmern eine Art *Einzelcoaching* durch, bei dem die anderen Teilnehmer als Beobachter anwesend waren.

Der **Ablauf eines Seminartages** war wie folgt: Zu Beginn sollte sich jeder Teilnehmer das Kunstwerk genau betrachten und Ideen, Gedanken und Assoziationen notieren. Im Anschluß daran konnten die Teilnehmer (nacheinander) erzählen, wie sie das Bild empfunden haben, was ihnen bei der Betrachtung in den Sinn kam. Heiling hat sich für jeden Teilnehmer etwa eine halbe Stunde Zeit genommen, um herauszufinden, was die Assoziationen mit dem Leben des Teilnehmers zu tun haben könnten. Die anderen Teilnehmer hatten im Anschluss daran die Möglichkeit dazu wiederum ihre Gedanken äußern, so dass ein Dialog entstehen konnte.

Das Kunstwerk des ersten Seminartages war ein Bild von Kasimir Malewitsch aus dem Jahre 1916, mit dem Titel *Dynamischer Suprematismus*. Das Original ist zu finden im Museum Ludwig Köln, wo auch Poster erhältlich sind, mit denen z.B. in diesem Seminar gearbeitet wurde.

Zum Bild: Die Absicht des Künstlers bestand ursprünglich darin, eine „gegenstandslose Empfindung der Energie"[239] zu malen. Dreiecke, Quader und andere geometrische Formen in verschiedenen Farben sind über das Bild verteilt. Das Kunstwerk soll Energielinien aufzeigen und in den Raum hineintragen, so dass die Wirklichkeit des Betrachters berührt wird. In den Aussagen der Seminarteilnehmer wird deutlich, dass MALEWITSCH dies gelungen ist.

Jeder Teilnehmer machte sich am Anfang Notizen, was ihm an dem Kunstwerk auffiel und in den Sinn kam. Assoziationen und Gedanken der Teilnehmer zum Kunstwerk waren unter anderem:

- „da ist was in Schieflage, da kippt was um"
- „der gelbe Klotz stört, der schmeißt alles um"
- „das kleine Rechteck wirkt bedroht"
- „das sieht aus wie umkippende Schornsteine, wie ein Mikado"
- „die Satelliten oben überwachen alles"
- „der gelbe Balken teilt die anderen, weil sie nicht absinken dürfen"
- „da oben ist so ein kleiner Flieger, der landet auf dieser Landebahn mit den großen Balken"
- „der Kegel passt gut rein, weil der so ein bisschen stört"
- „das könnte nach unten fallen oder auf mich drauf"
- „der gelbe Balken stört die Richtung der anderen"

Im Anschluß daran hat HEILING mit jedem Teilnehmer, wie oben bereits erwähnt, über den Tag verteilt circa 30-40 Minuten über die Hintergründe der Assoziationen zur Bildbetrachtung gesprochen. Zuerst hat er einige Punkte der Aussagen des Teilnehmers wiederholt. Daraufhin Fragen gestellt wie „Was fällt Ihnen dazu ein? Was hat das mit Ihnen zu tun?"
Jeder Teilnehmer versuchte nun im Gespräch eine Verknüpfung zwischen den eigenen Aussagen und der individuellen Realität herzustellen.
Ich skizziere nun kurz den Ablauf eines solchen Dialoges, um einen Eindruck von der Entwicklung des *morphologischen* Coaching-Prozesses zu geben. (Der Teilnehmer bleibt hier selbstverständlich anonym!)

---

[239] SIMMEN/KOHLHOFF: *Malewitsch*; Könemann-Verlag, Köln 1999, S. 52

Es ergab sich ein Gespräch, das sich in etwa wie folgt entwickelt hat:

(Der Teilnehmer wird im Folgenden Klient genannt.)

Heiling: Da kippt was....wie finden Sie das?

Klient: ...da ist ein Umstürzen

H: ...da ist alles in Bewegung, durch den gelben Klotz stürzt alles, der Satellit oben gefällt Ihnen, steht aber in Korrespondenz zum gelben Klotz.

K: ...der passt geometrisch, aber gehört zur oberen Ecke nicht dazu.

H: Stört er, wie auch das Dreieck?

K: Er stört, aber das Dreieck ist bewusst da.

H: Das Kippen und die Schieflage haben mit Dynamik zu tun – wie finden Sie das? Die Richtung und die Dynamik sind O.K. haben Sie gesagt, aber irgendwann stürzt das alles. Sie machen etwas mit dem Bild, aber das Bild macht auch etwas mit Ihnen! Eine Bewegung die ins Stürzen kommt.

K: Das Gelbe, das ist wie eine Krankheit, ist bedrohlich. Da ist der Weg und da ist was, was den Weg stört.

H: Die Widersprüche, Analogien in dem Bild, die wollen wir herausbekommen.

K: Da sind Dinge, die man selber nicht beeinflussen kann. Wege, die laufen bis zu einem Punkt, wo etwas zerstört wird.

H: Sie sind in Bewegung, das ist etwas chaotisch, was O.K. ist, was aber auch kippen kann...

K: ...z.B. meine Kinder, im Straßenverkehr, da hab ich immer Angst...

H: Kinder ist O.K., aber was ist mit Ihnen? Da ist ein Weg, der hat eine Richtung, aber das kann auch kippen, gestört werden.

K: ...z.B. mit dem Fahrrad hatte ich schon mehrere Unfälle.

H: In so einer Regelmäßigkeit kann man davon ausgehen, dass Sie das schon fast beabsichtigen.

K: Ich war vielleicht nicht aufmerksam...

H: Das hört sich so an, als wenn Sie sich mit den gelben Klötzen anlegen würden.

K: Ich war schnell unterwegs, auf der Straße und hab zu spät bemerkt, dass der nicht bremst. Ich wusste, dass ich der Schwächere bin, habe aber auf mein Recht gepocht.

H: Das ist Ihr Recht, aber auch eine gewisse Sturheit...

K: Meistens klappts' ja.

H: Bei den gelben Klötzen nicht! Und die Schnelligkeit, was ist damit?

K: Manchmal kommt zuviel auf einmal, Familie, Freunde, Geschäft...

H: Da wollen Sie es allen Recht machen!

K: Ja, die Zeit ist knapp, die Freizeit...

H: Und im Krankenhaus haben Sie dann wieder Zeit... Und im Job?

K: ...da wurde ich auch schon ein paar Mal ausgebremst.

H: Woran merken Sie, dass Sie zu schnell sind und ausgebremst werden?

K: Wenn Mitarbeiter Termine zu locker machen, überprüfe ich die schon Mal selber.

H: Was man von sich verlangt kann man auch von anderen verlangen? Was bedeutet der Satellit?

K: Das ist die Familie, zum Sammeln, Kraft schöpfen.

H: Der hat eine Korrespondenz zum gelben Klotz. Da ist auch etwas wo ich mich sammeln kann, aber im Beruf ist das dann eine Rennstrecke...Wir schauen nach *zu schnell*, im Gegensatz zum Sammeln, Ruhe finden.

K: Das ist ein Nervenkitzel, das Risiko...

H: Das kann in der Firma gefährlich werden, wenn Projekte vor die Wand gefahren werden... Sie wollen es auf die Spitze treiben, „da komme ich doch irgendwie mit durch"...

Hier endete das Gespräch und der nächste Teilnehmer begann seine Eindrücke und Ideen zum Kunstwerk zu schildern.

Resümee:

Wie sich gezeigt hat, ist der Einsatz von Kunstbetrachtung, auf Basis der morphologischen Psychologie, im Coaching-Prozess erfolgversprechend.

In **Phase 4 des Coaching-Prozesses:** *Klärung der Ausgangssituation* ist die Methode hervorragend eignet, weil sich der Coach ein genaues Bild der Klienten-Situation machen kann. Der Klient ist durch die Kunstbeschreibung nicht auf sein Problem fixiert. Dadurch entspannt er sich und es entsteht eine offene Atmosphäre. Der Wunsch, der Coach möge ihm ein Patentrezept für sein Problem liefern, verliert an Wichtigkeit – er kann über seine Situation reden und hat einen aktiven Zuhörer. Er hat die Gelegenheit frei zu erzählen und zu assoziieren und erkennt daraufhin in den Äußerungen und Spiegelungen des Coaches eine Verknüpfung mit seinem Leben. Der Coach fragt immer wieder nach, was die Äußerungen mit der momentanen Situation zu tun haben und lenkt das Gespräch von der Bildbeschreibung zur Realität des Klienten. Wenn sich eine Art Stillstand im Gespräch einstellt, kann der Coach aus dem Pool der Anfangsäußerungen (anfängliche Assoziationen, Kunstwerk-Beschreibung) schöpfen und durch Nachfragen nach weiteren Aspekten suchen. So folgt fließend auf die Kunstbeschreibung ein Gespräch, in dem sich Schwerpunkte für die weitere Arbeit herauskristallisieren. Der weitere Verlauf des Coaching-Prozesses kann sich dann um die Bearbeitung dieser Punkte drehen.

Wer es mag in Museen zu arbeiten, wird mit Sicherheit von dem von HEILING vorgeschlagenen ungewöhnlichen **Setting** profitieren. Das kann jedoch nur individuell in der Praxis festgestellt werden. Ebenso halte ich es, in anbetracht der nicht an jedem Ort verfügbaren Kunstwerke, auch für akzeptabel mit Duplikaten (z.B. Dias, Drucke) zu arbeiten. Kunst kann und soll nicht nur im Museum anzutreffen sein und aus diesem Grunde sehe ich keinen großen Nachteil an der Arbeit mit Duplikaten. Das Setting sollte jedoch, da stimme ich HEILING zu, ein Ort sein, der Offenheit fördert und dem Klienten eine Loslösung von festgefahrenen Strukturen ermöglicht. Dies ist je nach Situation vom Coach zu berücksichtigen – das Museum kann da eine reizvolle Abwechslung darstellen. Der alltägliche Arbeitsplatz des Klienten dagegen ist meist der falsche Ort für einen offenen Ablauf des Coaching-Prozesses.

Das Museum wäre **für die weitere Arbeit** der ungeeignete Raum. Coach und Klient reden viel miteinander, arbeiten mit kreativen Methoden oder beschäftigen sich mit den während der Umsetzung auftretenden Problemen. Beide konzentrieren sich auf die Bearbeitung der zu Beginn festgelegten Themen und Ziele. Es stellt sich die Frage, ob eine solche Arbeitsatmosphäre im Museum gegeben ist.

Das Konzept der psychologischen Morphologie ist meiner Meinung nach ebenfalls anwendbar, um in **Phase 5 des Coaching-Prozesses:** *Zielbestimmung* in einen kreativen Prozess einzutreten. Was SALBER mit Brechung bezeichnet, kann auch als der *Übergang von Intuition zu Logik* dargestellt werden. Kunst kann diesen Übergang beispielhaft aufzeigen und dem Klienten helfen, während der Kunstbeschreibung die rationale Ebene zu verlassen. Die Beschreibung des Kunstwerkes kann dann in eine Beschreibung der Sehnsüchte und Wünsche übergehen. Auf diesem Wege kann zum Beispiel an der Formulierung einer *Utopie* gearbeitet werden. Aber auch eine Beschreibung des *Ist-Zustandes* kann über Kunstbeschreibung an Qualität gewinnen. Der Klient entdeckt im Kunstwerk Zustände, die sich in seinem Leben wiederfinden lassen, beschreibt seine Sichtweise von Strukturen.

Ein Beispiel: Im Bild *Der goldene Fisch* von PAUL KLEE[240], kann ein *vor Glück golden strahlender* oder ein *zu großer, von allen verlassener* Fisch gesehen werden. Auf diesem Wege kann der Coach herausarbeiten, was der Klient an seiner momentanen Situation verändern möchte. Geschicktes Nachfragen zeigt ihm auf, wo der Klient einen Zustand als angenehm oder unangenehm empfindet. Ebenso lassen sich Ambivalenzen aufzeigen, wenn zwei Gefühle nach Beachtung rufen und der Klient mit diesem Zustand verwirrt ist.

Dennoch ist anzumerken, dass HEILING für die Arbeit mit dem Konzept der psychologischen Morphologie eine Ausbildung als Psychotherapeut als Voraussetzung ansieht. Dies werden nicht alle Personen, die Coaching anbieten, als Grundlage mitbringen. Dennoch ist meiner Einschätzung nach auch ohne Psychologie-Studium und therapeutischer Ausbildung, *das methodische Vorgehen* der psychologischen Morphologie im Coaching-Prozess einzusetzen. HEILING hat nach eigenen Angaben etwa vier Jahre in verschiedenen Museen Versuche und Experimente durchgeführt, bevor er die Methode in einem Coaching eingesetzt hat. Aus diesem Grund halte ich es für möglich, dass, mit einem entsprechenden Einsatz und Reflektion, auch *Nicht-Psychologen* eine individuelle Herangehensweise entwickeln können. Vorgehensweise und Mechanismen sind in diesem Konzept ausführlich beschrieben worden und können als Unterstützung dienen.

Um einen Eindruck von der Vielfalt der für die Methode geeigneten Kunst zu geben, ist im Anhang eine Auswahl von Kunstwerken zu finden, die SALBER und HEILING für ihre Arbeit benutzen. Für den praktischen Einsatz im Coa-

---

[240] eine Abbildung des Kunstwerkes befindet sich im Anhang

ching ist anzumerken, dass sich der Coach/Berater eine eigene Sammlung von Duplikaten, oder Originalen anlegen sollte, mit denen er gerne arbeitet. Dies kann z.B. eine Dia- oder Poster-Sammlung sein, oder ein Original, das sich für den Einsatz im Coaching bewährt.

4.2 Kreative Kunstrezeption

Kreative Kunstrezeption ist eine Methode, die neue Möglichkeiten in der Kultur- und Kunstvermittlung erschließen soll. Durch eine kreative Aufgabe, die zum aktiven Rezipieren anregt, wird ein Kunstwerk erleb- und erfahrbar gemacht. Im Prozess der kreativen Kunstrezeption wird dem Teilnehmer unter anderem die Existenz seiner persönlichen Sichtweise und die Veränderbarkeit der Wirklichkeit bewusst.

Das Konzept der kreativen Kunstrezeption wurde in den 70er Jahren des 20. Jahrhunderts an der Universität Göttingen von CHRISTINE MANN, ERHART SCHRÖTER und WOLFGANG WANGERIN entwickelt. Vornehmlich wird es eingesetzt für die kulturelle Erwachsenenbildung im sozialen Bereich. Es ist ein Konzept für die Praxis, das einen ganzheitlichen, kreativen und persönlichen Umgang mit Kunstwerken (Literatur, Bildende Kunst, Musik) zum Ziel hat. In regelmäßigen Gruppentreffen beschäftigen sich die Teilnehmer mit Kunstwerken, indem sie nicht nur das Kunstwerk betrachten (rezipieren), sondern ebenfalls selbst künstlerisch (kreativ) aktiv werden. Die eigene gestaltende Tätigkeit (malen, schreiben, spielen, improvisieren usw.) soll jedem einzelnen Teilnehmer einen Zugang zu sich selbst und zur Gruppe ermöglichen. In den Treffen wird zwischen den Teilnehmern und dem Kunstwerk ein potentieller Erfahrungsraum hergestellt, der durch kreative Tätigkeit gefüllt wird und in dem die Teilnehmer sich selbst und dem jeweiligen Kunstwerk auf die Spur kommen können. Die Gruppen sind grundsätzlich offen für alle Altersklassen, es wurden jedoch auch schon Zielgruppenkurse angeboten, in der Absicht Senioren oder Hausfrauen anzusprechen.

In ihrem Buch „Selbsterfahrung durch Kunst"[241] erläutern die Begründer der kreativen Kunstrezeption ihr Konzept. Rezeptionstheoretische Überlegungen werden mit Aspekten der Gestaltpsychologie und der Symboltheorie SUSANNE LANGERS verbunden. Die theoretischen Erläuterungen werden mit praktischen Beispielen anschaulich gemacht.

---

[241] CHRISTINE MANN/ ERHART SCHRÖTER/ WOLFGANG WANGERIN: *Selbsterfahrung durch Kunst*; Beltz, Weinheim 1985

Im Folgenden werde ich einige Grundüberlegungen zum Konzept der kreativen Kunstrezeption darstellen und eine Anwendbarkeit der vorgeschlagenen Methodik im Coaching-Prozess prüfen.

4.2.1 Theoretische Grundlagen

Eine der Grundfragen bei der Betrachtung von Kunst ist, an welchen Maßstäben der Betrachter das Kunstwerk messen soll.

Wie soll der Betrachter ein Kunstwerk mögen oder nicht mögen, wenn er kein Kunstexperte ist?

Eine erste Überlegung zu dieser Frage ist, dass Kunstwerke erst im Auge des Betrachters zu Kunstwerken werden. Ein Kunstwerk ist nicht von sich alleine Kunstwerk, es wird durch den Betrachter dazu gemacht, indem er dem Objekt oder dem Bild eine Bedeutung als Kunstwerk zuweist. Ein gemeinsamer Aspekt von Kunst, unabhängig ob es sich um bildende Kunst, Musik, Theater oder Film handelt, ist, „dass Kunstwerke erst in dem Moment eine Bedeutung erlangen, in dem sie rezipiert werden, und daß der Rezeptionsvorgang daher immer ein subjektiver Vorgang ist."[242] Diese These stellt jeden Versuch einer objektiven Kunstbetrachtung und -beschreibung in Frage, da es anscheinend keine Objektivität, sondern nur Subjektivität gibt. Jede Kunstbetrachtung ist untrennbar mit der Persönlichkeit und der Befindlichkeit des Betrachters verbunden und wird von ihr beeinflusst.

„Die Rezipient/innen sind Menschen mit einer Lebensgeschichte, mit Assoziationen, Erinnerungen, Vorstellungen, Wünschen, Abneigungen, Vorkenntnissen, die ebenso in den Rezeptionsvorgang eingehen wie die Rezeptionsvorgaben des Kunstwerkes, die momentane Verfassung der Rezipient/innen und die gesamte Rezeptionssituation ..."[243]

Begründet wird diese Annahme mit einer Feststellung DEWEYS. „Er erinnert nachdrücklich daran, dass der Ursprung der Kunst in der menschlichen Erfahrung liegt, und bedauert das Bestreben, die Kunst auf einen entrückten Sockel

---

[242] Ebd. S. 66
243 Ebd. S. 66

zu stellen."[244] Kunst wird von Menschen gemacht und ebenfalls von Menschen betrachtet. Es geht DEWEY um menschliche Erfahrung und nicht um studiertes Fachwissen. Kunstrezeption ist in diesem Zusammenhang als ein aktiver Vorgang zu begreifen, bei dem der Rezipient Erfahrungen macht.

Es stellt sich also die Frage, welche Gefühle und Gedanken löst ein Kunstwerk im Betrachter aus, und wie sieht er daraufhin das Kunstwerk?

Gegebenenfalls kann er bei der Betrachtung des Kunstwerkes eine Ahnung von den Erfahrungen des Künstlers bekommen, die Anlass für das Kunstwerk waren. Diese Ahnung kommt unter anderem dadurch zustande, weil der Rezipient die Symbolik des Kunstwerks interpretiert und deutet. Eine erste grundsätzliche Interpretation des Betrachters könnte sein, dass er den Gegenstand als Kunstwerk identifiziert. Im zweiten Schritt kann es dazu kommen, dass er Parallelen zu seinen eigenen Erfahrungen erkennt und Bedeutungen zuschreibt. Wer Kunst verstehen will, muß auf „den Alltag des Lebens zurückgehen, um die ästhetischen Eigenschaften zu entdecken."[245]

Kunstwerke können nach MANN/SCHRÖTER/WANGERIN somit als eine Art *komprimierte Wirklichkeit* gesehen werden. Kunst zu verstehen könnte somit auch bedeuten, das eigene Leben, die eigene Lebensgeschichte zu verstehen. Diese Funktion kann Kunst jedoch nur dann haben, wenn der Rezipient, wie schon oben beschrieben, Kunstbetrachtung als subjektiven Vorgang erkennt. Diese Sichtweise könnte ebenfalls *konstruktivistisch* genannt werden: Wirklichkeit ist immer individuell konstruiert. Durch die kreative Kunstrezeption, kann eine Person mit konstruktivistischen Gedanken vertraut gemacht werden und so die Gestaltbarkeit der Wirklichkeit erfahren um dadurch zu einem erweiterten Verständnis der eigenen Lebenssituation zu gelangen.

MANN/SCHRÖTER/WANGERIN behaupten: „Eine intensive Beschäftigung mit Kunst bringt die kulturelle Gestaltbarkeit des Alltags wieder stärker ins Bewusstsein..."[246] Unter kultureller Gestaltbarkeit ist hier zweierlei zu verstehen. Zum einen bekommt der Alltag durch kreative, künstlerische Tätigkeiten eine befriedigendere Gestalt. Das könnte sich zum Beispiel in kreativ-künstlerisch gestalteten Innenräumen oder in einem kreativ-künstlerischen Umgang mit

---

244 Ebd. S. 68
[245] Ebd. S. 69
[246] Ebd. S. 70

der Nahrungszubereitung usw. wiederspiegeln. Zum anderen ist jedoch mit diesem Punkt ebenfalls die Bewusstwerdung der allgemeinen Gestalt- und Veränderbarkeit des Alltags gemeint. Künstlerisches Handeln wird zum Probehandeln, das dem *Künstler* die Veränderungs- und Gestaltungsmöglichkeiten der Gegenwart deutlich macht.

In einem geschützten Rahmen kann eine künstlerisch tätige Person *Probehandeln* und ausprobieren, *wie es wäre, wenn.*

Im Prozess der kreativen Kunstrezeption wird nach MANN/SCHRÖTER/ WANGERIN coenästhetische und diakritische Wahrnehmung angesprochen[247].

Um bei den in dieser Arbeit diskutierten Begriffen zu bleiben, könnte man auch von einer Integration intuitiver und logisch/rationaler Wahrnehmung sprechen. Im Prozess der kreativen Kunstrezeption wird ein Kunstwerk zuerst intuitiv erfahrbar gemacht. Erst im zweiten Schritt werden die kreativ veräußerten Gefühle und Empfindungen rational verarbeitet.

Welche Funktion hat in diesem Zusammenhang die kreative Aufgabe, die der Gruppenleiter/Coach stellt?

Die unbewussten Assoziationen und Empfindungen, die das Kunstwerk im Rezipienten auslöst, werden durch die kreative Aufgabe sichtbar gemacht. Ein klassisches Beispiel aus der Wahrnehmungspsychologie ist folgendes:

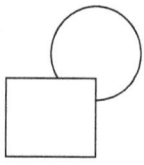

Bei der Betrachtung des oberen Bildes ist ein Quadrat zu sehen. Dahinter, so wird wohl jeder zustimmen, befindet sich ein Kreis. Dennoch, objektiv gesehen, ist lediglich eine zweidimensionale Strichzeichnung zu sehen, die keinen Kreis zeigt. Die Erfahrung eines Kreisbildes wird lediglich in das Bild hinein interpretiert. So geht die Deutung über das Wahrgenommene heraus. „In ähnlicher Weise werden auch die Leerstellen in Kunstwerken zunächst völlig un-

---

[247] Ebd. S. 73

reflektiert vom Betrachter mit seinen Alltagserfahrungen gefüllt."[248] Erst nach der Erklärung bzw. Anleitung wird sich der Rezipient darüber klar, dass er das Bild interpretiert hat. Im oberen Beispiel ist die Interpretation relativ eindeutig, was jedoch „bei Kunstwerken mit ihren komplexen Strukturen völlig anders"[249] ist. Hier spielt, wie oben bereits angedeutet, die persönliche Lebensgeschichte jedes einzelnen eine entscheidende Rolle. Ein Kunstwerk bietet eine Fülle von Interpretationsmöglichkeiten, die wiederum auf eine individuelle Vielzahl von momentanen Befindlichkeiten treffen können.

„Durch die kreative Aufgabenstellung, die ja ein neues, in sich geschlossenes Produkt zum Ziel hat, ist der Betrachter daran gehindert, einfach nur das Kunstwerk zu analysieren und damit seine eigene Person möglichst weit draußen zu lassen."[250]

Zusammengefasst wird es durch die Veräußerung der Interpretation in einem kreativen Produkt möglich,

 a) Sichtweisen und Einstellungen zu betrachten, die vorher unbewusst waren und

 b) Handlungsspielräume und -möglichkeiten aufzudecken und zu erkunden.

Wie sieht nun der theoretische Ablauf einer Gruppensitzung „Kreative Kunstrezeption" nach MANN/SCHRÖTER/WANGERIN aus, in welche Phasen lässt sie sich unterteilen und welche Methoden können zum Einsatz kommen?

4.2.2 Ablauf und Methoden der kreativen Kunstrezeption

Am Anfang einer Gruppensitzung *Kreative Kunstrezeption* findet eine Begrüßungs- und Ankommensphase statt. Die Teilnehmer lernen sich kennen, oder berichten kurz von ihrem Zustand, um sich im Anschluss auf den kreativen Prozess einlassen zu können.

---

[248] Ebd. S. 74
[249] Ebd. S. 74
[250] Ebd. S. 77

Ein kreativer Prozess in der kreativen Kunstrezeption kann nach MANN/ SCHRÖTER/WANGERIN in drei Phasen unterteilt werden[251]:

1. *Informationssammlung*
2. *Inkubationsphase*
3. *Verifikationsphase*

1. Informationssammlung

In dieser Phase nehmen sich die Teilnehmer Zeit, das Kunstwerk auf sich wirken zu lassen. Sie versuchen einen Zugang zu ihren Gefühlen, Gedanken und Empfindungen zu bekommen. „Dabei bildet die kreative Aufgabe den Motor, immer wieder hinzusehen und Kunstwerke und eigene Reaktionen immer genauer wahrzunehmen."[252] Aufbauend auf das in Kapitel 3.1. besprochene Wissen über den kreativen Prozess kann diese Phase auch *Vorbereitungsphase* genannt werden. Wichtig ist eine unbewertende Haltung, die ein unkritisches Sammeln von Assoziationen, Ideen und Gedanken zulässt.

2. Inkubationsphase

Analog den Erkenntnissen über den kreativen Prozess in Kapitel 3.1. gibt man in dieser Phase dem Unbewussten die Gelegenheit, sich mit dem Problem auseinander zu setzen. Der Teilnehmer versucht seine Gefühle und Gedanken in einem neuen kreativen Produkt auszudrücken. Anfänglich wird der Teilnehmer eher unsicher tastend Herumprobieren, nachdenklich Zögern, worauf er nach kurzer Zeit plötzlich eine Idee für den Anfang des künstlerischen Gestaltens hat und mit der Umsetzung beginnt.

3. Verifikationsphase

Eine Idee ist da und wird spontan in kreativ-künstlerischen Aktionen umgesetzt. Bei MANN/SCHRÖTER/WANGERIN folgen *Eingebungs-* und *Umsetzungsphase* direkt hintereinander. Es sind alle Voraussetzungen gegeben, um die Idee direkt zu verwirklichen, denn, wie oben schon erwähnt, wird künstleri-

---

[251] Ebd. S. 78
[252] Ebd. S. 78

sche Tätigkeit als Probehandeln aufgefasst. Ohne große Konsequenzen kann den wildesten Einfällen *Gestalt* verliehen werden.

Dieser kreative Prozess ist in den Gesamtprozess einer Gruppensitzung eingegliedert. Während einer Gruppensitzung kann er mehrmals ablaufen, jeweils eingeleitet mit einer kreativen Aufgabenstellung. Den Abschluss einer jeden kreativen Phase bildet eine Veröffentlichung der kreativ-künstlerischen Arbeiten mit anschließendem Gespräch. Hier ist es die Aufgabe des Gruppenleiters, einfühlsam Raum für die Arbeiten der Teilnehmer zu schaffen. „Die Veröffentlichung der eigenen Produkte ist für manche Teilnehmer/innen ein eher schwieriger Schritt, der vom Leiter sorgfältig gelenkt werden muß."[253] Grund für diese Vorsicht ist die Erfahrung von MANN/SCHRÖTER/WANGERIN, dass viele Teilnehmer in ihrer Schulzeit schmerzhaft erlebt haben, wie ihre künstlerische Tätigkeit den Anforderungen nicht genügt hat und befürchten deshalb nun ähnliches.

Mit der nötigen Sensibilität kann der Gruppenleiter die Aufmerksamkeit auf den stattgefundenen Prozess lenken und den Teilnehmern die Angst vor solch einer Bewertung nehmen. Nach der Veröffentlichung aller Beiträge wird die Aufmerksamkeit wieder dem Ausgangskunstwerk zugewand. „Diese Phase ist dringend notwendig, um die Beschäftigung mit dem Kunstwerk nicht im Bereich der Impression und Empfindung zu belassen, sondern sie mit dem rationalen Denken zu verbinden."[254] Hier wird auf der einen Seite das Kunstwerk mit erweitertem Blick betrachtet und auf der anderen die individuelle Sichtweise jedes Teilnehmers erkennbar. Durch die erneute Betrachtung werden jedem Teilnehmer „die speziellen Eigenarten seiner Rezeption und die eigenen, aus seinem Erleben stammenden Anteile daran"[255] deutlich.

Falls gewünscht, werden am Ende der Gruppensitzung ergänzende Informationen über das Kunstwerk und den Künstler ausgetauscht. Dieser abschließende Theorie-Input rundet die Auseinandersetzung mit dem Kunstwerk ab, steht jedoch bewusst nicht am Anfang, um einem emotionalen Zugang nicht im Wege zu stehen.

---

[253] Ebd. S. 81
[254] Ebd. S. 84
[255] Ebd. S. 84

Zusammengefasst könnte die Struktur einer Gruppensitzung kreativer Kunstrezeption folgendermaßen aussehen:

Einführung/Kennenlernen

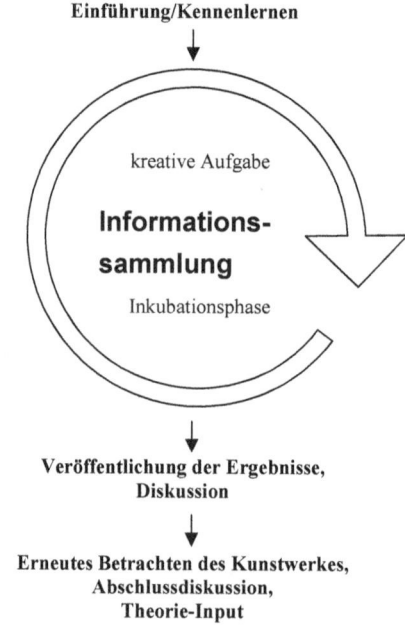

kreative Aufgabe

**Informations-
sammlung**

Inkubationsphase

Veröffentlichung der Ergebnisse,
Diskussion

Erneutes Betrachten des Kunstwerkes,
Abschlussdiskussion,
Theorie-Input

Abbildung 13: Struktur einer Sitzung „Kreative Kunstrezeption"

Welche kreativen Aufgaben werden vom Gruppenleiter gegeben, um eine kreativ-künstlerische Beschäftigung mit dem Kunstwerk anzuregen?

Die kreative Aufgabe steht im Zusammenhang mit der **Konstellation der Teilnehmer** und dem **ausgewählten Kunstwerk.**
So geben MANN/SCHRÖTER/WANGERIN den Hinweis, der Gruppenleiter sollte eine kreative Aufgabe auswählen, die zur konkreten Gruppensituation passt. Aus „einer Analyse der Leerstellen, der Perspektive und des vorgegebenen Betrachterstandpunktes"[256] ergibt sich ihrer Meinung nach die Aufgabenstel-

---

[256] Ebd. S. 111

134

lung. Die kreative Aufgabe grenzt die Art des kreativ-künstlerischen Verfahrens ein.

Die kreativ-künstlerischen Verfahren lassen sich in drei Hauptkategorien aufteilen:

- Schreibverfahren
- Szenische Verfahren
- Mal- und Gestaltverfahren

Der Gruppenleiter schlägt eine künstlerische Ebene und die entsprechenden Materialien vor. Eine Ebene könnte zum Beispiel die Prosa und das Material ein Stift sein. Dann macht er einen Vorschlag, welche Form das kreative Produkt haben soll. In der Ebene Prosa könnte zum Beispiel ein Gedicht oder eine Kurzgeschichte geschrieben werden.

Im folgenden werde ich eine Auswahl verschiedener kreativ-künstlerischer Verfahren beschreiben, die MANN/SCHRÖTER/WANGERIN für die kreative Kunstrezeption vorschlagen und die für diese Arbeit von Interesse sind.[257]

1. Freies Assoziieren

Die Assoziationen der Teilnehmer bieten sich als Einstieg in die kreative Arbeit mit dem Kunstwerk an. Vor dem Kunstwerk sitzend sammelt jeder Teilnehmer spontan die Gedanken, die sich in seinem Kopf befinden. „Die Teilnehmer/innen notieren, was ihnen (vermeintlich) ganz zufällig in den Sinn kommt."[258] Die Ideen werden nicht bewertet, sondern möglichst ungefiltert und stichwortartig festgehalten. Dies kann auch öffentlich in der Gesamtgruppe geschehen. Auf einer Tafel oder großem Papier werden die von den Teilnehmern hereingerufenen Antworten festgehalten. „Assoziationen sind sozusagen die Scharnierstellen, die das Kunstwerk sowohl mit der momentanen, subjektiven (Rezeptions-) Situation des Betrachters als auch mit seinem Unbewussten verbinden ..."[259] In diesem Verfahren wird der Schwerpunkt darauf gelegt, einen Zugang zur Intuition und zur mo-

---

[257] Ebd. S. 127ff.
[258] Ebd. S. 128
[259] Ebd. S. 128

mentanen Befindlichkeit des Betrachters herzustellen. Außerdem bekommt der Betrachter eine Rückmeldung aus dem Unbewussten über seine Einstellung zum Kunstwerk.

Die freien Assoziationen sind zumeist jedoch nur Ausgangspunkt, bzw. „Material/Anregung für kreative Gestaltungen (schreiben, malen) oder Anlass für ein Gespräch."[260] Ebenso wie in der psychologischen Morphologie können in der kreativen Kunstrezeption die Assoziationen für ein Gespräch benutzt werden. Hauptsächlich geht es MANN/SCHRÖTER/ WANGERIN jedoch um das *kreative Gestalten*, um das *aktiv werden durch Kunst*. „Kreativität braucht Material; es ist sehr viel leichter z.B. einen Text zu schreiben, wenn man dafür einen Zettel voller Assoziationen verwenden kann."[261] Weitere mögliche Kreativitätstechniken zum Assoziieren könnten auch *Brainstorming* oder das *Cluster-Verfahren* sein.

2. Kreatives Schreiben

Im kreativen Schreiben wird versucht, die Ideen und Assoziationen zum Kunstwerk in eine Reihenfolge zu bringen und weiterzuspinnen. In einer Wechselwirkung zwischen den Erfahrungen des Rezipienten und dem Kunstwerk entsteht der kreative Text. Der Gedankenstrom und die Empfindungen werden veräußert und können „dadurch quasi von außen betrachtet werden"[262]. Dabei kann zum Beispiel ein Geschichte entstehen oder ein Gedicht. Aber auch abstrakte Gedankenfetzen sollten zugelassen werden.

MANN/SCHRÖTER/WANGERIN zählen folgende mögliche Textformen auf:

- Tagebucheintragungen
- Briefe
- Szenen/Dialoge
- Gedankensplitter
- Gedichte
- Kurze Erzählungen

---

[260] Ebd. S. 128
[261] Ebd. S.129
[262] Ebd. S. 130

- Stellungnahmen
- Rollenbiographien
- Sprechblasentexte
- Innere Monologe
- Rollenmonologe
- Rollendialoge
- Textcollagen
- Text-Bild-Collagen

Das kreative Schreiben hat auch hier wieder die Wirkung, dass der Teilnehmer „dabei spielerisch mit der Realität umgehen und Handlungen und Haltungen phantasievoll erproben"[263] kann. Vorteil dieses Verfahrens ist, dass mit nur geringem Aufwand und wenigen Mitteln viel erreicht bzw. geschafft werden kann. Nachteil ist, dass nur wenige Sinne angesprochen werden und zu einem gewissen Teil *Körperlichkeit* ausgeschlossen bleibt. MANN/SCHRÖTER/WANGERIN weisen darauf hin, dass eine Kombination mit anderen Verfahren daher sinnvoll ist.

3. Collagieren

Zum Collagieren werden verschiedenste Materialien aus unterschiedlichsten Bedeutungszusammenhängen genommen und zu einer neuen Struktur zusammengefügt. „Sie werden dadurch semantisch aufgeladen und erhalten einen neuen Sinn, ohne den alten Bedeutungskontext ganz preiszugeben."[264] Eine Collage sagt auf einer bildhaften Ebene etwas darüber aus, wie der Teilnehmer das Kunstwerk sieht und welche Impulse es in ihm freisetzt. Sie ist eine Art „lebendige Metapher"[265], ein symbolisierter Ausdruck der Empfindungen des Betrachters. Auch eine Collage muss erneut interpretiert werden, da ihre Bedeutung auf einer *nicht-sprachlichen Ebene* verschlüsselt wurde. Dies geschieht nach der Gestaltungsphase im Gespräch. Jeder Teilnehmer stellt im ersten Schritt seine Collage vor. Im zweiten Schritt diskutieren die Teilnehmer ihre Eindrücke zu den entstan-

---

[263] Ebd. S. 130
[264] Ebd. S. 131
[265] Ebd. S. 131

denen Collagen. Dabei geht es nach MANN/SCHRÖTER/WANGERIN nicht um ein *Psychologisieren* der Bilder, sondern darum, die Collagen als *Kommunikationsform* anzuerkennen.

Verwendete Materialien könnten zum Beispiel sein: Postkarten, Photos, Kunstdrucke, Einwickelpapier, Buch- und Zeitschriftenseiten, Zigaretten- und Bonbonpapier[266]. Aber auch ungewöhnliche Materialien, aus der Natur zum Beispiel, wie Gräser, Blumen, Steinchen, Sand usw., können auf die Collage gebracht werden. Ebenso können Wörter, Sätze oder Texte aus Druckwerken verwendet werden.

MANN/SCHRÖTER/WANGERIN weisen noch darauf hin, dass dem Gestaltungsvorgang ausreichend Zeit eingeräumt werden sollte, da sich die Teilnehmer erst im Laufe des Collagierens immer mehr ihrer eigenen Bildaussage nähern.

4. Szenisches Interpretieren

Besonders für Kunstwerke, in denen „Menschen in einem kommunikativen Verhältnis zueinander dargestellt werden"[267], eignet sich das szenische Interpretieren. Die Teilnehmer stellen die Situation des Kunstwerkes nach und versuchen anstelle der im Kunstwerk vorhandenen Figuren zu Handeln. „Spielen ist Handeln in vorgestellten Situationen, die durch das jeweilige Kunstwerk vorgegeben werden."[268] Durch das *in die Rolle hineinfühlen* wird versucht, das Kunstwerk ganzheitlich, mit allen Sinnen, zu verstehen. Die Teilnehmer übertragen ihre Erfahrungen und Gefühle probeweise auf die Figur, die sie darstellen. Es geht jedoch, anders als im Theaterspiel, nicht um eine Aufführung, sondern um „das, was die Teilnehmenden bei der Auseinandersetzung mit dem Kunstwerk über sich in Erfahrung bringen und durch das Spiel symbolisieren können."[269] Damit das Dargestellte mit den Gefühlen und Gedanken der Teilnehmer in Verbindung steht, hat der Gruppenleiter folgende Möglichkeiten:

---

[266] Ebd. S. 131
[267] Ebd. S. 133
[268] Ebd. S. 133
[269] Ebd. S. 134

a. Er kann *sinnliche Vorstellungen* bei den Teilnehmern aktivieren, indem er die Teilnehmer fragt, wie sie sich in der Rolle fühlen, was sie alles um sich herum sehen usw.

b. Er kann vorgeben, dass die Teilnehmer *physische Handlungen* ausführen und Haltungen einnehmen sollen, die ihre Figur im Kunstwerk auch hat.

c. Er kann die Teilnehmer den *sprachlichen Ausdruck* ihrer Figur erproben lassen und diesen mit Handlungen verbinden.

d. Er kann die Teilnehmer anleiten, die *Beziehungen der Figuren* zueinander individuell, aber auch materiell zu klären und nachzuempfinden.

MANN/SCHRÖTER/WANGERIN weisen noch darauf hin, dass ein behutsames Vorgehen bei der Einführung von szenischem Interpretieren angebracht ist, weil ihrer Erfahrung nach die Teilnehmer einige Zeit brauchen, um sich auf die Spielsituation einzulassen.

Ihr Konzept des szenischen Interpretierens haben die Göttinger an die Ausführungen von INGO SCHELLER angelehnt. Dieser hat in zahlreichen Publikationen das Konzept und die Methode des szenischen Interpretierens beschrieben.

5. Szenisches Einfühlen in Gedichte und Bilder

Das szenische Einfühlen ist dem szenischen Interpretieren ähnlich, ist jedoch ein eigenständiges Verfahren. Bei der Betrachtung von gegenständlicher Kunst, zum Beispiel einem Bild, wird das Dargestellte in der Phantasie unbewusst um weitere Bilder ergänzt bzw. Leerstellen werden ausgefüllt. Dieser Vorgang wird bewusst gemacht, indem das Kunstwerk von den Teilnehmern nachgestellt wird. Dann werden die einzelnen, sich in einem Schnappschuss befindlichen Positionen befragt, zum Beispiel wie alt sie sind oder wie sie in diese Situation gekommen sind. Die Teilnehmer können dadurch „mit Hilfe von Einfühlungsfragen für sich klären, wie sie sich dieses Ich vorstellen, welche Situation sie imaginieren usw. ..."[270]
Durch das szenische Einfühlen werden die emotionalen Erfahrungen der

---

[270] Ebd. S. 136

Teilnehmer in den nachgestellten Figuren lebendig. Durch „szenische Einfühlung können auch unbewusste oder verdrängte Inhalte aufgedeckt werden."[271] Anders als beim szenischen Interpretieren handeln die Figuren nicht, sondern geben Hintergrundinformationen über sich und ihr Leben. Dennoch kann das eine Verfahren durch das andere ergänzt werden.

6. Standbilder bauen

Standbilder sind ähnlich dem szenischen Einfühlen eine Art dreidimensionales, angehaltenes Filmbild. Der Arbeitsschwerpunkt liegt hier auf der Beziehungskonstellation, wenn mehrere Positionen besetzt sind, oder auf der Perspektive des Betrachters. Die Wahrnehmung der Betrachter des Standbildes steht hier im Vordergrund (- im Gegensatz zum szenischen Einfühlen, bei dem die Empfindungen der nachgestellten Figuren im Vordergrund stehen). Wenn das Standbild steht, beschreiben die Betrachter, was sie wahrnehmen. MANN/SCHRÖTER/WANGERIN empfehlen dieses Verfahren zum Verdeutlichen von unterschiedlichen Standpunkten und Blickrichtungen.

7. Malen

Das Malen ist eine der gebräuchlichsten kreativen Ausdrucksformen in der kreativen Kunstrezeption. „Dabei verstehen wir unter Malen eine produktive Arbeitsweise, die sich bildnerischer Darstellungsmittel im visuellen Bereich bedient, also Malen mit Flachpinsel und mit Haarpinsel, mit Aquarell-, Tempera- und Fingermalfarben, aber auch mit Stiften, Filzern, Kreiden etc."[272] Anregung zum Malen kann eine bestimmte Aufgabenstellung des Gruppenleiters sein oder ein vorangegangener kreativer Prozess, bei dem zum Beispiel assoziiert oder kreativ geschrieben wurde. Das Ausgangsmaterial ist dann das bereits kreativ rezipierte Kunstwerk. Es ist aber auch möglich, direkt zu Beginn der kreativen Rezeption in das Malen einzusteigen. Mit Malen ist in der kreativen Kunstrezeption jedoch nicht ein Kopieren des Ausgangskunstwerk gemeint. Vielmehr sollte das Gemalte ein Ausdruck der Wirkung des Kunstwerks auf den Betrachter sein.

---

[271] Ebd. S. 136
[272] Ebd. S. 138

Der Malprozess ist eine Auseinandersetzung mit dem Kunstwerk – entweder bezogen auf „die Bedeutungsebene, auf visuelle, haptische, sensomotorische Phänomene oder auf materialspezifisch ästhetische Strukturen."[273] Das Malen wird hier zum individuellen Ausdruck. Dieser findet beim Malen im Gegensatz zum Schreiben eine nicht-verbale, nicht-diskursive Form. Malen ist somit als ein intuitiver Vorgang zu begreifen.

8. Kommunikatives Malen

„Malen ist zumeist eine individuelle Tätigkeit, bei der sich der einzelne stark auf sich selbst konzentriert und in sich hineinhört."[274] Dennoch ist Malen grundsätzlich als eine Art von Kommunikation anzusehen, die ebenfalls in der Gruppe geschehen kann. Es können mehrere Teilnehmer auf ein großes Blatt malen oder immer zwei Teilnehmer hintereinander auf ein kleines Blatt. Die Teilnehmer kommunizieren über das Malen auf einer sinnlichen Ebene. Dieses Verfahren wird von MANN/SCHRÖTER/ WANGERIN für eine Kennenlernphase empfohlen. Hier steht nicht das Kunstwerk im Mittelpunkt, sondern die Kontaktaufnahme der Teilnehmer. „Aber nicht nur als Einstieg, sondern auch als gemeinschaftliche Reaktion auf ein Ausgangskunstwerk ist dieses Verfahren sinnvoll."[275]

9. Strukturales Malen und das Arbeiten mit Farbkombinationen

Bislang war gegenständliche Malerei bzw. gegenständliche Kunst im allgemeinen Gegenstand der Betrachtung. Jedoch ist festzuhalten, dass auch abstrakte Malerei im Konzept der kreativen Kunstrezeption als Ausdruck für innere Bilder gesehen wird. In einer stärker verschlüsselten Symbolik haben bei abstrakter Kunst die Gedanken und Empfindungen des Künstlers Ausdruck gefunden. Dies ist nicht unbedingt ein Nachteil, denn die Flächen, Linien und Farbkombinationen sprechen den Betrachter nicht auf einer kognitiven, sondern auf einer emotionalen Ebene. In Bildern des Künstlers MIRÓ zum Beispiel wird ein Grundthema, ähnlich dem Jazz, variiert und in spielerischer Form improvisiert. Farb- und Formsymbolik

---

[273] Ebd. S. 138
[274] Ebd. S. 139
[275] Ebd. S. 140

spielen hier eine große Rolle. Die Teilnehmer können animiert werden, sich über Farben und Formen (wie Kreis oder Ecke) auszudrücken und auf einer emotionalen Ebene ihre momentane Befindlichkeit zu veräußern. Auch hier gibt es Möglichkeiten, mit einer Gruppe zu arbeiten. „Kunstrichtungen wie „action painting" oder „Informel" weisen auf Möglichkeiten hin, sich in der Gruppe im dynamischen Prozess des Malens kreativ zu entfalten."[276] Hier besteht die Möglichkeit, mit einer Gruppe *abstrakt-kommunikativ* zu malen. Das Malen wird dann oftmals von einem stark körperlichen Aspekt beeinflusst. Rhythmus und Körpersprache finden in den Bildern Ausdruck.

10. Malen als Abbilden oder symbolisches Chiffrieren

Es ist ebenfalls möglich, moderne gegenständliche Malerei oder Photos als Vorlage zu benutzen, um in einen kreativen Malprozess einzusteigen. Teile wie Figuren oder Gegenstände des Ausgangskunstwerkes werden in diesem Verfahren abgemalt und verfremdet. Dabei geht es in erster Linie darum, Symbole des Kunstwerkes aus ihrem Zusammenhang zu nehmen und gegebenenfalls umzudeuten. Dies kann in Einzelarbeit oder in der Gruppe mit mehreren Teilnehmern an einem Bild geschehen. MANN/SCHRÖTER/ WANGERIN weisen daraufhin, dass die gegenständliche Vorlage die Teilnehmer jedoch schnell überfordern kann, wenn sie daran scheitern das Kunstwerk photorealistisch zu bearbeiten. Hier fällt es vielen Teilnehmern offenbar schwer, sich weiterhin auf ihre inneren Prozesse zu konzentrieren. Ein Künstler, der sich in seiner Kunst mit symbolischem Chiffrieren beschäftigt ist der Amerikaner JOHN BALDESSARI. In seinen Werken versucht er „die Grenze zwischen Wahrheit und Fiktion aufzudecken und erfahrbar zu machen."[277] Er fügt Ausschnitte von Standbildern aus Kinofilmen zusammen und stellt sie in einen neuen Zusammenhang. Er benutzt für seine Collagen überdimensional große Fotodrucke, doch die Technik ist ebenfalls als symbolisches Chiffrieren zu bezeichnen. Die Bilder von Baldessari können als Ausgangspunkt für einen kreativen Prozess benutzt

---

[276] Ebd. S. 141
[277] READ, HERBERT: *DuMont's Künstlerlexikon*, DUMONT-Verlag, Köln 1997, S. 38

werden, in dem die Teilnehmer eigene, ausgewählte Bilder symbolisch Chiffrieren.

11. Modellieren, Räume inszenieren

Modelliert wird in der Regel mit Ton, Knetmasse oder ähnlichen, formbaren Materialien. Den Empfindungen und Gedanken zum betrachteten Kunstwerk wird über direkte und sehr sinnliche Art und Weise Ausdruck verliehen. „Die Produkte entstehen unmittelbar aus dem Druck und dem Gegendruck der gestaltenden Hände und machen Emotionen, Haltungen, Wahrnehmungen im wörtlichen Sinne ,begreifbar'."[278] Auch in diesem Verfahren steht emotionaler Ausdruck über der künstlerischen Qualität der Ergebnisse. Wenn die Gestaltung über den Einzelarbeitsplatz hinausgeht, kann es dazu kommen, dass der ganze Raum oder sogar die ganze Umgebung (vergleichbar mit Land-Art) in die Gestaltung einbezogen wird. Der Raum wird dann durch haptische Erfahrungen erlebbar. Dies kann fließend in ein *in Szene setzen* übergehen.

Die Übergänge zwischen den einzelnen Verfahren sind zum Teil fließend und überlappend. In einer Stunde *kreative Kunstrezeption* kommen zumeist mehrere dieser Verfahren zum Einsatz.

Welchen Nutzen haben die vorgestellten Verfahren und wie können sie in einem Coaching-Prozess eingesetzt werden?

---

[278] Christine Mann/ Erhart Schröter/ Wolfgang Wangerin 1985, S. 144

4.2.3 Kreative Kunstrezeption im Coaching-Prozess

Um festzustellen, welchen Nutzen Methoden der kreativen Kunstrezeption für den Coaching-Prozess haben können, ziehe ich Erkenntnisse aus der Kommunikationspsychologie hinzu.

SCHULZ VON THUN unterscheidet vier Dimensionen einer Äußerung[279]:

- *Sachinhalt* (z.B. „Es ist kalt draußen!")
- *Appell* (z.B. „Zieh Dir eine Jacke an!")
- *Selbstoffenbarung* (z.B. „Ich bin um Deine Gesundheit besorgt!")
- *Beziehung* (z.B. „Allein wirst Du die richtige Entscheidung nicht treffen können!")

Unabhängig davon, ob nun der Sachinhalt oder der Appell laut ausgesprochen wurde, sind nach SCHULZ VON THUN diese vier Dimensionen in allen menschlichen Äußerung enthalten.

Da es in der kreativen Kunstrezeption um eine Kommunikation mit einem und über einen Gegenstand – genauer *Kunstwerk* – geht, fassen MANN/SCHRÖTER/WANGERIN die letzten beiden Dimensionen zusammen und bezeichnen sie mit *Interaktion* (zwischen Ich und Sache[280]).

So sind in jeder Äußerung über ein Kunstwerk folgende drei Ebenen enthalten:

- *Ich-Aussage* (bei SCHULZ VON THUN *Selbstoffenbarung*)
- *Sach-Aussage* (bei SCHULZ VON THUN *Sachinhalt*)
- *Aussage über die Interaktion zwischen Ich und Sache* (bei SCHULZ VON THUN *Beziehung* und *Appell*)

---

[279] SCHULZ VON THUN, FRIEDEMAN: *Miteinander Reden 1*; Rowohlt Taschenbuch Verlag, Reinbek bei Hamburg 1996 S. 50

[280] MANN/SCHRÖTER/WANGERIN *Selbsterfahrung durch Kunst*; Beltz, Weinheim 1985 S. 165

In diesem Vergleich lässt sich die Anwendung der kreativen Kunstrezeption im Coaching erahnen. „Wenn der Leiter diese drei Ebenen erkennt, kann er durch Interventionen auf der entsprechenden Ebene das Gespräch beeinflussen, hin zu mehr Ich-Nähe oder mehr Sachbezug, je nach Bedarf.“[281] Je nach Akzentuierung wird der Schwerpunkt also bei einer der drei Kommunikations-Ebenen liegen. MANN/SCHRÖTER/WANGERIN folgern: „Wird Kulturbegegnung als Grundlage für Psychotherapie genutzt, so wird vielfach die Ich-Ebene das Wichtigste sein.“[282] Um diese *Ich-Ebene*, aber auch um die Ebene der *Aussagen über die Interaktion zwischen Ich und Kunstwerk* geht es bei der Anwendung der kreativen Kunstrezeption im Coaching-Prozess.

Die im vorigen Abschnitt vorgestellten Verfahren können zu unterschiedlichen Zeitpunkten im Coaching-Prozess eingesetzt werden. Jedes Verfahren hat einen Schwerpunkt, der im Bedarfsfall gezielt vom Coach mit der entsprechenden Methode angesprochen werden kann.

Im Folgenden werde ich Empfehlungen für den Einsatz der Verfahren im Coaching-Prozess formulieren:

- **Kreatives Schreiben und Assoziieren**
  Durch das kreative Schreiben können Ideen, Gedanken und Assoziationen zu einem Thema gesammelt und strukturiert werden. Es kann spielerisch mit der Realität umgegangen und Handlungsmöglichkeiten können erprobt werden. Aus diesem Grund eignen sich das kreative Schreiben und das Assoziieren besonders für die Anfangsphase, da über den *Umweg Kunst* eine ehrliche, aber auch emotionale Betrachtung der Wirklichkeit festgehalten wird. Ebenso können auch die Wünsche und Bedürfnisse des Klienten mit in den kreativen Prozess einfließen und im Anschluß betrachtet werden. In **Phase 5 des Coaching-Prozesses:** *Zielbestimmung* ist es notwendig, dass der Klient das angestrebte Ziel mit seinen Gefühlen und seiner Intuition in Einklang bringt. Ein rein rational gestecktes Ziel

---

[281] Ebd. S. 165
[282] Ebd. S. 165

könnte das verborgen liegende emotionale Ziel überlagern. Durch kreatives Schreiben und Assoziieren findet der Klient in spontanen, unüberlegten Ausrufen und Notizen, einen Zugang zu seiner Intuition. Die Ergebnisse können einen guten Ansatzpunkt für die weitere Arbeit an der Ausformulierung und Umsetzung der Ziele sein. Dennoch ist anzumerken, dass es sich bei diesen Verfahren um *sprachlastige* Verfahren handelt, die am Rande der sinnlich-gestalterischen Methoden stehen. Über ein Kunstwerk wird ein sinnlicher Zugang zum intuitiven Unbewussten ermöglicht, der jedoch direkt in einer diskursiven Weise Ausdruck findet. Es gibt kreative Methoden, die als Zwischenschritt sinnlichen Ausdruck auf einer vor-sprachlichen Ebene hervorrufen und somit unmittelbarer als das kreative Schreiben und das Assoziieren sind.

Ein Kunstwerk, das sich für die Arbeit mit kreativem Schreiben anbietet, ist:

> o *Die Freiheit als Führerin des Volkes* von EUGÈNE DELACROIX

- **Collagieren**

Das Collagieren hat den Vorteil gegenüber anderen Verfahren, dass ohne größere Kunstfertigkeit direkt ein Einstieg in den kreativen Prozess gefunden werden kann. Aus verschiedenen Quellen werden Bilder und Texte, Farben und Formen herausgeschnitten und in einen neuen Bedeutungszusammenhang gesetzt. Ein nicht-diskursiver Ausdruck ist die Folge; der Klient kann sich auf sinnliche und symbolträchtige Weise mitteilen. Im **Coaching-Prozess** ist dies besonders in **Phase 5: Zielbestimmung** von Bedeutung. Das Ziel oder die Problemsituation könnten vom Klienten in einer Collage dargestellt werden und so intuitiv-ehrlich in verschlüsselter Form mitgeteilt werden. In einem ersten Schritt kann sich der Klient mit einem Ausgangskunstwerk beschäftigen, um erste Erfahrungen mit Verfahren und Material zu sammeln. Im zweiten

Schritt könnte durch eine anregende Aufgabenstellung, ohne Ausgangskunstwerk, unmittelbar zum Beispiel die Problemsituation oder der entsprechende, gewünschte Umgang damit dargestellt werden.

Ein Kunstwerk, das sich für die anfängliche Arbeit mit dem Collagieren eignet, ist:

- o *Bar in Follies-Bergère* von EDOUARD MANET

- **Szenisches Interpretieren**

    Im szenischen Interpretieren wird der Schwerpunkt auf das Erkennen und Aufdecken von Beziehungskonstellationen gelegt. Indem der Klient sich in eine bestimmte, künstliche Situation und Beziehungskonstellation hineinfühlt, kann er verschiedene Blickrichtungen und Sichtweisen erfahren, die in Zu- und Abneigungen transparent werden können. Für die Arbeit im Coaching ist es wichtig, dass durch diese Methode der Coach seinem Klienten ermöglicht, unterschiedliche Sichtweisen kennen zu lernen und sensibler für seine Mitmenschen zu werden. Der Klient bekommt die Möglichkeit, durch eine Reflektion im Anschluß an das szenische Interpretieren, eine ganzheitlichere Sicht der Situation zu entwickeln. Sensibel für die Bedürfnisse und Empfindungen der Mitmenschen zu werden, kann als Absicht hinter dem Einsatz dieser Methode im Coaching-Prozess stehen. In **Phase 6 des Coaching-Prozesses: *Interventionen*** versucht der Coach seinem Klienten zu helfen, seine Muster und Einstellungen zu erkennen. In dieser Phase könnte der Coach versuchen, mit szenischem Interpretieren einen kreativen Prozess zu initiieren.

    Ein Beispiel für ein Kunstwerk, das sich für szenisches Interpretieren eignet, ist:

    - o *Paar (rot/grün)* von STEPHAN BALKENHOHL

- **Szenisches Einfühlen in Gedichte und Bilder**

Ein interessanter Aspekt dieses Verfahrens ist, dass unbewusste oder verdrängte Themen Ausdruck finden können. Durch das Übernehmen einer Rolle fällt es dem Klienten leichter, über private Themen zu reden, da er diese ja der Rolle zuschreiben kann. Dies kann auf der einen Seite eine Art *erleichternde Intervention* darstellen, da der Klient *hemmungslos* in der Maske einer anderen Figur über Gefühle reden kann, die er ohne die Rolle keinen Ausdruck finden würden. Auf der anderen Seite kann der Blick in die Zukunft der nachgestellten Figur gewagt werden, der wie oben erläutert immer auch ein Teil *Ich-Aussage* sein wird. So ist dieses Verfahren ebenso geeignet, in der **Phase 5 des Coaching-Prozesses:** *Zielbestimmung* eine intuitive Antwort auf die Ziel-Frage zu bekommen.

Ein Kunstwerk, das sich für die Arbeit mit der Methode des szenischen Einfühlen eignet, ist:

- o *Wanderer über dem Nebelmeer* von CASPAR-DAVID FRIEDRICH

- **Standbilder**

Durch Standbilder können Sichtweisen und verschiedene Blickrichtungen transparent gemacht werden. Der Klient kann durch das Erleben einer künstlichen Situation seine eigene Situation reflektieren und sich selbst und seine Sichtweisen auf spielerische und sinnliche Art wahrnehmen. In **Phase 6 des Coaching-Prozesses:** *Interventionen*, kann die Notwendigkeit entstehen, dass der Coach die Interventionsmaßnahmen *Feedback* und *Aufdecken* durchführen möchte. Durch das Bauen von Standbildern kann der Coach seinem Klienten ein Feedback über bestimmte Sichtweisen geben. Dadurch wiederum kann der Coach Blockaden und Muster, die Konflikte hervorrufen, aufspüren. Gefühle und Motive, die der Klient nicht wahrhaben möchte können aufgedeckt werden und es kann eine persönlichkeitsnahere Wahrnehmung erreicht werden. Auch die Intervention **Entwickeln** kommt hier zur Geltung, denn es kann eine umfassendere Wahrnehmung und größere Sensibilität trainiert werden.

Ein Beispiel für ein Kunstwerk das sich für Standbilder eignet, ist:

- o *Alice beim hören ihrer Musik und lesen ihrer Gedichte* von STEVEN SEGAL

- **Malen**

Malen ist eine Grundform kreativer Ausdrucksformen. Es ist einfach zu malen, jedoch schwer zu malen, was andere vorgemalt haben, oder was man als perfektes Bild im Kopf hat. Die Arbeit an Glaubenssätzen kann hier eine zentrale Bedeutung einnehmen, denn beim Malen und bei der Herangehensweise an das Malen, tritt zutage, was an Blockaden normalerweise verborgen bleibt. Malen ist individueller Ausdruck und von daher für den Coaching-Prozess interessant. Die Wirkung eines Kunstwerks auf den Klienten zeigt sich in der Verarbeitung der Gedanken und Gefühle im neuen Kunstwerk. Ebenso ist es jedoch auch möglich, direkt, ohne Ausgangskunstwerk mit Malen in einen kreativen Prozess einzusteigen. Mit anregenden Aufgabenstellungen kann der Coach seinen Klienten ermutigen, zum Beispiel sich selber an seinem Arbeitsplatz, oder an seinem Traum-Arbeitsplatz zu malen. Mit dem Thema anregende Aufgabenstellungen beschäftige ich mich im nächsten Kapitel.

Ein Beispiel für ein Kunstwerk, zu dem Gemalt werden kann, ist:

- o *Vor dem Erwachen* von SALVADOR DALÍ

- **Kommunikatives Malen**

Das kommunikative Malen stellt eine Art Kontaktaufnahme dar. Wenn zwei Personen auf einem Blatt aufeinander zumalen, treten sie *sinnlich* miteinander in Kontakt. Der Klient macht durch das Gemalte Aussagen über sich (*Ich-Aussage*), seine Sichtweise (*Sach-Aussage*) und seine Position zur Umwelt (*Interaktion*). Durch das kommunikative Malen ist eine intuitive Kommunikation zwischen Klient und Coach möglich, die zum Aufbau eines ganzheitlichen Vertrauensverhältnisses beitragen kann. REGINA WESTPHAL schreibt zu dieser Methode: „Dadurch, daß beide sich auf den Boden setzen und mit dem gleichen Material arbeiten, finden sie sich in einer vergleichbaren Ausgangssituation wieder. Die Macht des Beraters wird reduziert auf eine natürliche Weise. Die Tatsache, dass für beide dieselben überschaubaren und klaren Regeln gelten, betont dies."[283] Es gibt eine Vielzahl von Anwendungsmöglichkeiten dieser Methode im Coaching-Prozess, doch ist der Aspekt Kontaktaufnahme in der Anfangsphase besonders wichtig. REGINA WESTPHAL empfiehlt ebenfalls einen Einsatz dieser Methode am Anfang eines Beratungs-Prozesses, um zu klären, welche Erwartungen und Wünsche der Klient an die Beratung hat. Aus diesem Grunde halte ich die Anwendung der Methode des kommunikativen Malens besonders in **Phase 4 des Coaching-Prozesses: *Klärung der Ausgangssituation*** für sinnvoll. Im kommunikativen Malen ist es möglich, ohne Vorlage, mit einer entsprechenden Aufgabenstellung zu beginnen. Dieses Verfahren ist wohl das unabhängigste der hier vorgestellten Verfahren, da ohne eine Rezeptionsphase begonnen werden kann. Auf das Problem, mit welchen Fragen und Aufgabenstellungen der Coach das kommunikative Malen einleiten kann, werde ich in Kapitel 4.3. näher eingehen.

- **Strukturales Malen und Arbeiten mit Farbkombinationen**
  In diesem Verfahren geht es um die Wahrnehmung von Strukturen und Feldern und darum in diesen Mustern der eigenen

---

[283] WESTPHAL, REGINA: *Kreativitätsfördernde Methoden in der Beratungsarbeit*; Claus Richter Verlag, Köln 1984, S. 64

Bewegung auf die Spur zu kommen. Emotionen und Gefühle können hier einen direkten Ausdruck finden, da nichts Klares, Gegenständliches produziert werden muß. Der Klient kann seiner Phantasie freien Lauf lassen und verschiedene Variations- und Anordnungsmöglichkeiten von Flächen und Strukturen erproben. Für den Coaching-Prozess ist dieses Verfahren nützlich, wenn der Klient durch Umgruppierung von Variablen die Lösung für ein Problem suchen soll. Durch die Arbeit mit Farben und Flächen kann er zu einer Anordnung auf dem Papier kommen, die ihm als Antwort der Intuition auf seine Frage dienen kann. Dies kann nützlich sein, wenn sich der Klient in einem **Problemlösungs-Prozess** befindet und seine Logik alle Möglichkeiten abgewägt hat und dennoch kein Ergebnis zustande gekommen ist. Die intuitive Arbeit mit Formen und Strukturen wird ihm in solch einem Stadium den nötigen Raum für die Befragung des Unbewussten geben. Eine *Intervention* in der mit diesem Verfahren gearbeitet werden könnte ist das *Verknüpfen*.

Ein Kunstwerk das sich für das strukturale Malen und die Arbeit mit Farbkombinationen anbietet, ist:

  o *Zwei transparente Personen* von FRANCIS PICABIA

- **Malen als Abbilden oder symbolisches Chiffrieren**
 Dieses Verfahren ist dem *strukturalem Malen* ähnlich, da hier ebenfalls das Ausgangskunstwerk benutzt wird, um Strukturen, oder auch Symbole in einen anderen Zusammenhang zu übertragen. Ebenso gibt es Überschneidungen mit dem *Collagieren*, da verschiedene Elemente zu einer Collage zusammengesetzt werden. Der Aspekt des symbolischen Chiffrierens ist für den Coaching-Prozess ebenfalls interessant. Durch das Aufladen einer Form, oder einem Bildausschnitt, mit symbolischer Bedeutung, kann der Klient herausarbeiten, was ihm daran gefällt, oder nicht, und wie dies mit seinem Leben in Verbindung steht. Durch die künstlerische Form hat der

Klient die Möglichkeit auf einer nicht-sprachlichen Ebene zu arbeiten. Im zweiten Schritt könnte dann ein Gespräch über die Symbolik dem Klienten Klärung bringen, welche Motive in seinem Bild verborgen sind.

In **Phase 8 des Coaching-Prozesses** *Transfer*, wird versucht die Ideen und Vorhaben, die im Coaching-Prozess erarbeitet wurden, in den Alltag des Klienten zu übertragen. Durch die Sinnübertragung von Symbolen und positiv besetzten Bildern in ein neues Bild, kann der Klient das positive Gelingen seiner Vorhaben sichtbar machen. *Malen als Abbilden oder symbolisches Chiffrieren* kann so Probehandeln und Absichten des Transfers sichtbar machen.

Ein Beispiel für einen Künstler, der seine Bilder in dieser Mischform des Malens und Collagierens gefertigt hat, ist PAUL KLEE.

  o *Der L-Platz im Bau* von PAUL KLEE

- **Modellieren, Räume inszenieren**
  In der Kunsttherapie ist die Arbeit mit Ton und anderen formbaren Materialien nichts besonderes. Im Coaching-Prozess könnten zum Beispiel Räume und Beziehungskonstellationen auf diese Weise dargestellt werden. Der Klient kann dann auf sehr sinnliche Art und Weise seine Situation und seine Empfindungen zu Personen Ausdruck verleihen. Nicht nur mit Ton, auch nicht formbare Materialien können symbolisch aufgeladen werden und als Material dienen. Im **Coaching-Prozess** kann dieses Verfahren nach **Phase 5: *Zielbestimmung*** auch in einem **kreativen Problemlösungsprozess** eingesetzt werden. Durch das simple Umarrangieren des Materials kann auf kreativem, spielerischem Wege versucht werden eine Lösung zu finden. Hier lassen sich Parallelen zum kommunikativen Malen ziehen. Coach und Klient könnten gemeinsam an einem dreidimensionalen Modell arbeiten, auf dem sie sich selbst und die bedeutenden Faktoren der Situati-

on des Klienten, arrangieren. Über die sinnlichen Aspekte des Materials wird die Arbeit zu einem haptischen Erlebnis. Sinnlicher Eindruck kann sinnlichen Ausdruck finden, wie in *Abbildung 11* dargestellt. Diese Methode halte ich für sehr geeignet, um im Coaching-Prozess mit kreativen Methoden zu beraten. Es ist ebenfalls nicht notwendig, dass immer ein Kunstwerk als Vorlage und Einstieg benutzt wird. Mit anregenden Fragestellungen, wie im nächsten Kapitel beschrieben, kann direkt, ohne Vorlage, in einen kreativen Prozess eingestiegen werden.

Der Coaching-Prozess und Methoden der kreativen Kunstrezeption

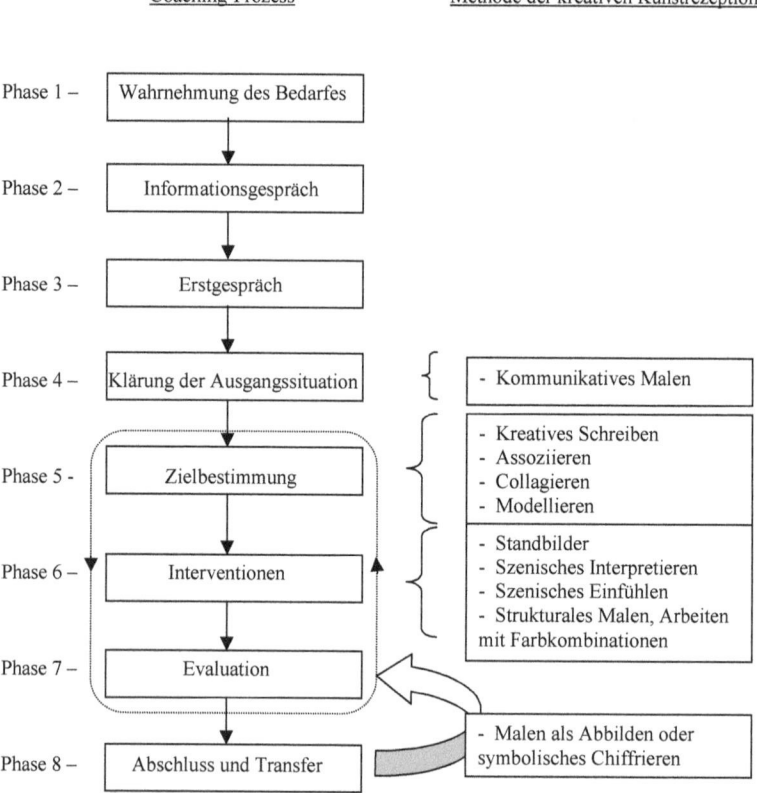

Abbildung 14: Der Coaching-Prozess und Methoden der kreativen Kunstrezeption

In der Abbildung ist zu erkennen, dass die beschriebenen kreativen Methoden hauptsächlich in den Phasen 4, 5 und 6 des Coaching-Prozesses zum Einsatz kommen. Aber auch in Phase 8 kann mit kreativen Methoden der Transfer der im Coaching erarbeiteten Veränderungen zu begleiten.

Im Anhang sind Hinweise zu den Kunstwerken zu finden, die MANN/ SCHRÖTER/WANGERIN für den Einsatz von Methoden der kreativen Kunstrezeption vorschlagen.

4.3 Anregende Fragen und Aufgabenstellungen

„Einen guten Berater, erkennt man an seinen Fragen!"[284] behauptet ANDREAS
KNIERIM, Coach aus Kassel. Die richtigen Fragen zu stellen ist seiner Meinung nach, eine der wesentlichen Aufgaben des Coaches. „Nicht das Über-
stülpen von Beraterweisheiten ist das Ziel, sondern die Ermöglichung persönlichen Wachstums."[285] Ein Coach wird im Laufe seiner Arbeit viele Erfahrungen mit Fragestellungen machen und so seinen eigenen Stil entwickeln und
im günstigsten Fall seine Fragetechniken modifizieren und evaluieren. Wie ist
jedoch ein Einstieg zu finden?

An welchen Grundlagen kann sich ein Coach orientieren? Welche Anhalts-
punkte für produktive Arbeitsaufgaben gibt es, um das persönliche Wachstum
des Klienten zu unterstützen?

„How You Do Anything Is How You Do Everything" ist ein Buch der in Kalifornien lebenden CHERI HUBER, das solche anregenden Fragen und Aufgabenstellungen in Fülle offeriert. „It's not possible to do this workbook
wrong."[286] schreibt sie in der Einleitung. Dieses Buch ist als Arbeitsbuch kon-
zipiert worden, das man nicht falsch bearbeiten kann. Alles was den Leser
weiterbringt ist erlaubt. Die im Buch abgedruckten Texte sind handgeschrie-
ben und wirken wie persönlich adressiert. Auf jeder Seite stehen zum Teil nur
ein oder zwei Sätze, der Rest ist leer – ein weißes Blatt zum Beschreiben, Malen und freiem (künstlerisch) Bearbeiten.

Seit Anfang der 80er Jahre des 20. Jahrhunderts lebt und arbeitet CHERI HU-
BER im *Zen Monastery Practice Center* in Murphys, Kalifornien. Von ihr gibt
es mehr als zehn Veröffentlichungen, die sich mit Themen wie Selbstfindung,
Zen und Meditation beschäftigen. Im amerikanischen *Keep it simple*-Verlag
erscheinen ihre Bücher unter der Rubrik „Self-actualization/Spirituality". Mit
ihren Fragen und Aufgabenstellungen will sie ihre Leser ermutigen und anleiten, sich selbst zu entdecken und Ängsten sowie festgefahrenen Glaubenssätzen auf die Spur zu kommen. Sie will zeigen, dass die Welt und die Wirklich-

---

[284] RUß-ROHLFS, WALTER: *Coach mit Herz und Verstand*; Wirtschaft Nordhessen - IHK-
Magazin, Januar 2000
[285] Ebd.
[286] HUBER, CHERI: *How You Do Anything Is How You Do Everything*; Keep It Simple
Books, Murphys 1998,   S. 1

keit in der wir Leben, die Welt und die Wirklichkeit ist, für die wir uns *entschieden* haben. *Wie Du eine Sache machst zeigt, wie Du andere Sachen machst*, ist frei übersetzt die Bedeutung des Titels und fasst damit die Absicht ihrer Veröffentlichung zusammen. „When you see clearly what you're doing and how you're doing it, you'll also know why."[287] Der Grundgedanke dahinter ist, dass es nicht darauf ankommt *was* man tut, sondern *wie* man es tut. Welche Grundsätze und Einstellungen stecken hinter unseren Handlungen und helfen diese uns glücklich zu sein, oder sabotieren wir uns mit ihnen? Sabotageakte offenbaren sich häufig in negativen Glaubenssätzen. „Sprache schafft Realität!" behauptet KNIERIM und meint damit, dass die Sprache, in der die Menschen über die Welt reden, die Welt real macht. So, wie sie in der Sprache beschrieben wird, so wird sie werden. Wenn man diese Sprache untersucht, kann man die oft unbewussten Glaubenssätze und Meinungen, die ein Mensch von sich hat, aufdecken und, bezogen auf das Coaching, verändern.

Im Folgenden fasse ich kurz die Erklärungen und Anleitungen HUBERS zu den Aufgaben zusammen und untersuche im nächsten Schritt eine Anwendbarkeit der Aufgabenstellungen im Coaching-Prozess.

4.3.1 Theoretische Grundlagen

„Live involves suffering"[288] - Leben schließt Leiden mit ein, schreibt HUBER und spricht dabei den gleichen Punkt an, den SALBER mit Brechungen beschreibt. Veränderungen finden ständig statt und der Umgang damit kann fröhlich, oder traurig machen. Die Art, wie mit diesen Veränderungen umgegangen wird, entscheidet über Zufriedenheit oder Leiden.

Ihrer Meinung nach sind die vier Ursachen für Leid:

1. Nicht das zu bekommen, was man will.
2. Zu bekommen was man will und damit nicht zufrieden zu sein.

---

[287] Ebd. S. 15
[288] Ebd. S. 1

3. Die Abwesenheit derer, die man liebt, zu ertragen.

4. Die Anwesenheit derer, die man nicht liebt, zu ertragen[289].

Unser Leben ist entweder eine Bewegung zum Leiden hin, oder vom Leiden weg. Die Fragen und Aufgaben des Buches sollen helfen herauszufinden, ob unsere Art zu leben eher dem Leid entgegensteuert, oder von ihm weg. „Throughout this book you will be encouraged to see how you do what you do and asked to question whether your process causes you suffering or leads you away from it. This is the purpose of this workbook."[290] Sich selbst kennen zu lernen, ist ihrer Auffassung nach der Anfang der seelischen Freiheit. Dieser Blick nach innen kann jedoch beängstigend sein. Sie stellt ebenfalls die Frage, ob wir Gefühle zulassen können, ob wir es uns erlauben, erschrocken, widerspenstig, ärgerlich, verwirrt, frustriert, traurig oder deprimiert genauso zu sein, wie glücklich, aufgeregt, eifrig, offen und bereit zu sein.

In vielen Aufgaben stellt sie die Frage, wer die Aufgabe macht, welcher Teil von uns die Antwort gibt. „Each of us is made up of many different parts"[291] Wir sind verschieden, zu unterschiedlichen Zeiten, mit unterschiedlichen Menschen die uns umgeben. Unsere Stimmung ist nicht immer gleich, unser Verhalten ist von vielen Faktoren abhängig und variiert von Situation zu Situation. Aus diesem Grund kann man auch von „subpersonalitys", sogenannten *Unter-Persönlichkeiten* reden, in die wir schlüpfen, um ein angemessenes Verhalten in bestimmten Situationen zu finden. Fast jeder hat einen Teil in sich, der verurteilt („The Judge"), ein ängstliches Kind, ein verspieltes Kind, vielleicht einen Athleten, einen Perfektionisten, einen Liebhaber, einen Tagträumer, einen kleinen Helfer, einen Schwätzer, usw...[292] Anzeichen für die Existenz dieser Unter-Persönlichkeiten lässt sich in der Alltagssprache finden. „Ich bin nicht ich selbst heute", „Ein Teil von mir möchte gehen, ein anderer nicht." In den Fragen und Aufgabenstellungen fordert HUBER von Zeit zu Zeit auf diese Persönlichkeiten zu benennen. Mit Namen versehen werden diese Eigenarten persönlicher und ebenso auch leichter erkenn- und benennbar. Übergänge sind dann einfacher als solche wahrzunehmen und Brechungen ver-

---

[289] Ebd. S. 1
[290] Ebd. S. 2
[291] Ebd. S. 5
[292] vergl. Ebd. S. 5

lieren ihren Schrecken. Das Aufdecken und die Förderung der Akzeptanz von ambivalenten Gefühlen soll damit unterstützt werden.

Einen weiteren Punkt den sie mit ihren Frage- und Aufgabenstellungen ansprechen möchte, ist die menschliche Tendenz sich selbst anzuschuldigen für Gefühle oder Dinge die passieren. Ein solches Verhalten stoppt ihrer Meinung nach persönliches Wachstum. In Kapitel 3.2.3. *Selbstsabotage* wurde dieses Verhalten bereits diskutiert.

„Erkenne dich selbst und Du wirst dich verändert haben, ohne es zu merken."[293]

Wenn wir mit einer Situation nicht zufrieden sind, hilft es oftmals nicht, nur die Situation, das Setting zu verändern. „Changing externals never solves a problem."[294] Die Erfahrung zeigt, dass dann kurze Zeit später zwar die Situation anders ist, die Gefühle aber immer noch die selben sind. HUBER ist der Auffassung, dass die Unzufriedenheit mit einer Situation oftmals ihren Ursprung darin hat, dass ein Mensch die Situation nicht so haben will, wie sie ist (siehe oben die vier Ursachen für Leid). Wenn man sich in der Gegenwart einer Person nicht wohl fühlt, so mag man in diesem Moment das eigene Gefühl nicht, das auftritt, wenn man mit dieser Person zusammen ist. Da Gefühle oft unbewusst sind, kann man ihrer Auffassung nach auch versuchen das Gefühl mit Aufmerksamkeit und gezielten Gedanken zu beeinflussen. „The wonderful part is, that at the moment we accept what is, it changes."[295] In erster Linie muß sich nichts Äußeres verändern, damit man sich besser fühlt. Die Einstellung zu der vorherrschenden Situation wird darüber entscheiden, wie man sich fühlt. Wenn eine Person die Einstellung hat, ihr Glück sei von äußeren Bedingungen abhängig, wird sich vielleicht kurzfristig etwas ändern, wenn sich gewisse Äußerlichkeiten ändern, aber nach kurzer Zeit schon wird das Problem wieder auftauchen. Das Erkennen dieser Glaubenssätze (z.B.: „Es geht mir schlecht, wenn ich dort bin!") eröffnet die Möglichkeit die Ursache für Gefühle in sich selbst zu finden. Mit der Arbeit an den Glaubenssätzen verändert sich auch die erlebte Realität (z.B.: „Es geht mir gut wenn ich dort

---

[293] im Orignal: "See clearly and you have changed without even trying.", Ebd. S. 15
[294] Ebd. S. 21
[295] Ebd. S. 21

bin, weil ich souverän und selbstbewusst bin!"). Es ist gut herauszufinden, was man an gewissen Situationen ändern kann, doch ebenso kann Veränderung aus der Arbeit an Glaubenssätzen kommen.

Wie lassen sich die von HUBER formulierten Fragen und Aufgabenstellungen im Coaching-Prozess verwenden?

4.3.2 Anregende Fragen und Aufgabenstellungen im Coaching-Prozess

Im ersten Schritt werde ich das zu Verfügung stehende Material in Kategorien aufteilen. Die Fragen und Aufgabenstellungen lassen sich in drei verschiedene Kategorien einteilen. Wie im Kapitel 3.2.3. *Selbstsabotage* ausgeführt, findet Selbstverwirklichung als Vermittlungsprozess zwischen *Selbstbild* und *Idealbild* statt.

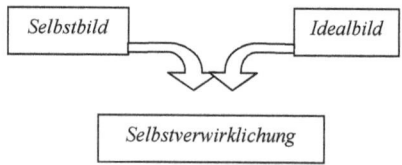

Die Fragen und Aufgabenstellungen von HUBER beschäftigen sich mit diesen zwei Polen:

- ***Selbstbild*** *„Wie nehme ich mich selbst wahr?"*
- ***Idealbild*** *„Wie möchte ich gerne sein?"*

Das *Selbstbild* wird gebildet durch Selbstwahrnehmung und Feedback. Die Rückmeldungen des sozialen Umfelds fließen in die Entwicklung des *Selbstbildes* mit ein. Somit ist auch die Frage *„Was glaube ich, wie andere mich wahrnehmen?"* von Bedeutung.

Das *Idealbild* ist unter anderem von den Wünschen, Träumen, Zielen und Visionen, die eine Person hat, geprägt.

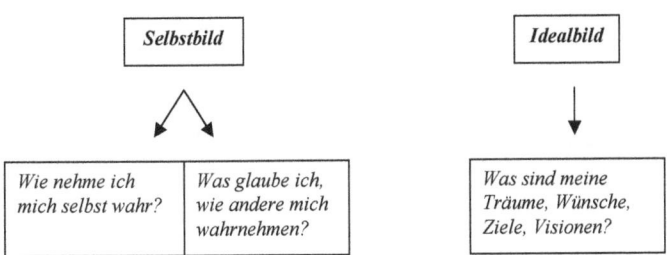

Die Aufgabenstellungen werden in drei Kategorien, nach den oben genannten drei Fragestellungen einsortiert und deren Anwendbarkeit im Coaching-Prozess untersucht.

Im Coaching-Prozess lassen sich die von CHERI HUBER aufgeführten Fragen und Aufgabenstellungen vielfältig einsetzen. Die Hauptaufgabe des Coaches in allen Phasen des Coaching-Prozesses ist es Fragen zu stellen und seinen Klienten zu hinterfragen.

In den Phasen 4 und 8 wird die Aufmerksamkeit auf die Frage gelenkt, wie der Klient seine eigene Situation wahrnimmt.

In Phase 5 stehen die Wünsche, Träume, Ziele und Visionen des Klienten im Mittelpunkt.

In den Phasen 6, 7 und 8 wird sich die Arbeit um die Frage der Selbst- und Fremdwahrnehmung drehen.

In der Intervention *Verknüpfen* hilft der Coach (durch Fragen und Aufgaben des Typus *„Was glaube ich, wie andere mich wahrnehmen?"*) seinem Klienten zu erkennen, in welchen sozialen Systemen er sich bewegt.

In der Intervention *Aufdecken* stellt er Fragen des Typus *„Wie nehme ich mich selbst wahr?"*, um Ängste und Blockaden aufzudecken, die Veränderungen verhindern.

Auch in der Intervention *Entwickeln* kann der Klient durch Fragen und Aufgabenstellungen des Typus *„Wie nehme ich mich selbst wahr?"* seine Selbstwahrnehmung und seine Kreativität entwickeln. Aber auch durch Aufgaben des Typus *„Was sind meine Wünsche, Träume, Ziele und Visionen?"* kann der Klient ein Bewusstsein für sich und seine Wünsche und Bedürfnisse entwickeln.

Die folgende Abbildung visualisiert die Zusammenhänge, wann welcher Typus von Fragen und Aufgabenstellungen im Coaching-Prozess eingesetzt werden kann.

Der Coaching-Prozess und anregende Fragen und Aufgabenstellungen

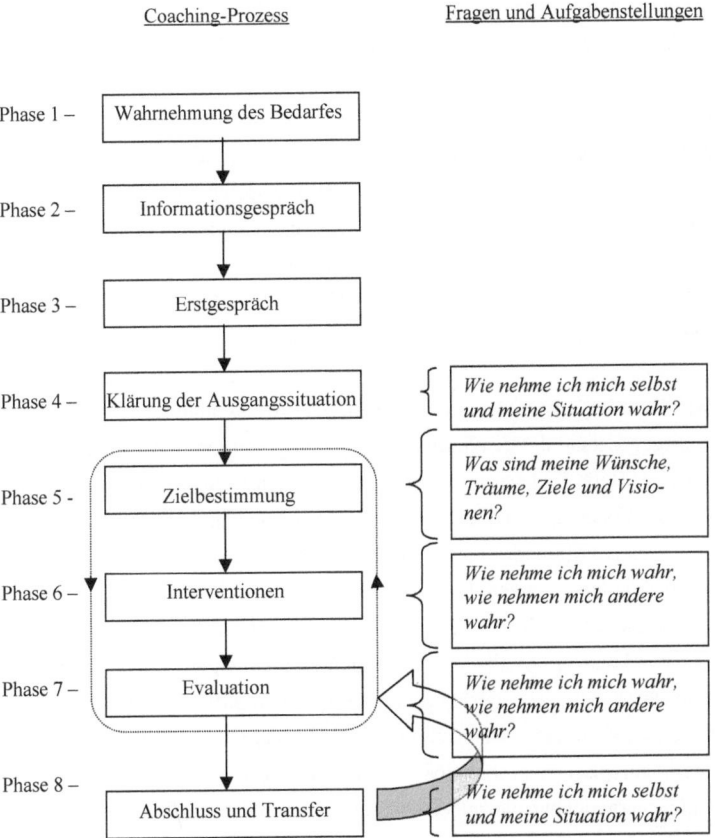

Abbildung 15: Der Coaching-Prozess und anregende Fragen und Aufgabenstellungen

Im Anhang befinden sich verschiedene Fragen und Aufgabenstellungen eingeteilt nach den drei Fragekategorien *„Wie nehme ich mich selbst wahr?"*, *„Was glaube ich wie andere mich wahrnehmen?"* und *„Was sind meine Wünsche, Träume, Ziele und Visionen?"*.

5. Zusammenfassung und Reflektion

5.1 Resümee

In dieser Arbeit ist ein Konzept vorgestellt worden, das von einer Basistheorie in eine Anwendungstheorie und schließlich in eine Praxeologie mündet.

Die Grundlagen für ein Coaching als prozessorientierte Beratung wurden im **2. Kapitel** vorgestellt. Es wurde auf die Menschenbildannahmen dieses Konzeptes, das Handlungsmodell der kooperativen Beratung und auf den idealtypischen Ablauf eines Coaching-Prozesses eingegangen. Ebenso wurden die Voraussetzungen, die für das Zustandekommen eines Coachings notwendig sind, benannt. Eine Leitfrage war hier: *Was ist Coaching und welche Aspekte gehören zur Konzeption eines Beratungsansatzes?*

Was Kreativität ist und was einen kreativen Prozess auszeichnet, war Betrachtungsgegenstand des **3. Kapitels**. Die Klärung von Grundbegriffen zum Thema Kreativität bildete eine Basis für die Überlegung, wie kreative Prozesse für das Coaching nutzbar gemacht werden können. Eine Feststellung war, dass kreative Methoden angewendet werden können, um gezielt kreative Prozesse ablaufen zu lassen. Es wurde ein Bezug zwischen kreativem Problemlösen und kreativen Interventionen hergestellt und ein Vorschlag für den Einsatz von kreativen Methoden an bestimmten Punkten des Coaching-Prozesses gemacht. Überraschende Erkenntnisse waren, dass eine direkte Korrespondenz zwischen dem Ablauf eines idealtypischen Coaching-Prozesses und eines idealtypischen Problemlösungsprozesses besteht. Beide Prozesse durchlaufen vergleichbar die selben Phasen. Es konnte daraufhin ein Rückschluss auf den Einsatz von kreativen Methoden in beiden Prozessen getroffen werden. Des weiteren ist festgestellt worden, dass die bestehenden Kategorien für kreative Methoden nicht ausreichen, um die kreativen Methoden, die im 4. Kapitel untersucht werden, einzuordnen. Herkömmliche kreative Methoden verbleiben dabei oft auf einer sprachlichen Ebene, wobei gerade der Wechsel zu einer nicht-sprachlichen Ebene den Wechsel von Logik zu Intuition anregen kann. Ein Schlüssel war die Ansprache von mehreren Sinnen, durch entsprechende Methoden. Es ergab sich die Notwendigkeit, eine neue Bezeichnung für diese Methoden zu finden (*sinnlich-gestalterische Methoden*) und Merkmale der neuen Kategorie zu benennen.

Eine Leitfrage in diesem Kapitel war: **Warum sollte ein Coach kreative Methoden kennen und auf der Basis eines theoretisch-fundierten Wissens anwenden können?**

Im **4. Kapitel** habe ich die Wirkungsmechanismen von Kunstbetrachtung und Kunst-Produktion anhand von drei unterschiedlichen Konzepten beschrieben. Die dargestellten Anwendungstheorien der *psychologischen Morphologie* und der *kreativen Kunstrezeption* mündeten in eine Praxeologie, in der konkrete Vorschläge für den Einsatz der Methoden im Coaching-Prozess gemacht wurden. Gründe wurden genannt, die für den Einsatz dieser Methoden sprechen; Kunstwerke wurden vorgeschlagen, die in der Anwendung dieser Methoden zum Einsatz kommen können. Als drittes Konzept wurden die *anregenden Fragen und Aufgabenstellungen* von CHERI HUBER vorgestellt. Sie ergänzen die vorhergehenden Methoden um eine wichtige Komponente, da sie handlungsorientierte Beispiele liefern, wie einem Klienten im Coaching-Prozess Fragen gestellt werden können, die einen kreativen Prozess initiieren. Es wurden ebenfalls Vorschläge für den Einsatz im Coaching-Prozess gemacht.

Eine Forschungsfrage in diesem Kapitel war: **Gibt es kreative Methoden, die mit Kunst oder künstlerischem Schaffen zusammenhängen und die für einen Einsatz im Coaching geeignet sind?**

Zusammengefasst hat diese Arbeit

a) die Grundlage für die Anwendung kreativer Methoden in der Beratung im Allgemeinen gelegt und

b) die Grundlage für die Anwendung von Methoden der *psychologischen Morphologie*, der *kreativen Kunstrezeption* und der *anregenden Fragen und Aufgabenstellungen* im Coaching-Prozess im Speziellen gelegt.

Der nächste, in die Praxis weisende Schritt wäre, die vorgeschlagenen Methoden auf ihre Wirksamkeit und Anwendbarkeit im Coaching-Prozess hin zu untersuchen und zu evaluieren. Dieser Schritt wird zeigen, ob die in diesem

Konzept vorgestellten Methoden Eingang in die alltägliche Praxis finden können und zum Basis-Methodenspektrum von Coaches gehören können.

5.2 Coaching und Kunst – ein Konzept mit Zukunft?!

Zum Abschluss der Veröffentlichung stellt sich die Frage, ob das hier vorgestellte Konzept *Coaching und Kunst* über eine gewisse *Originalität* hinaus *auch in Zukunft* interessant für ein *breites Klientel* ist?

Im Folgenden werde ich anhand von Thesen diese Frage diskutieren.

Coaching und Kunst ist originell!

Bislang ist im deutschsprachigen Raum keine Arbeit veröffentlicht worden, die sich mit der Anwendung von sinnlich-gestalterischen Methoden im Beratungs-/Coaching-Prozess auseinandersetzt. Diese Arbeit bewegte sich auf unerschlossenem Terrain und kann deshalb als originell (im Sinne von *neuartig*) bezeichnet werden.

Wie in Kapitel 1.1. beschrieben, besteht eine deutliche Abgrenzung zwischen Coaching und Therapie. Bezogen auf die Kunst-Therapie, die begrifflich dem Konzept *Coaching und Kunst* am Nächsten steht, bedeutet das in Form von drei Thesen:

- der Coach konzentriert sich auf *das Gesunde* im Menschen, der Therapeut auf das Kranke
- der Coach untersucht *die sozialen Umstände* seines Klienten und versucht, auf diese einzuwirken, der Therapeut untersucht die Symptome und versucht ihre Ursachen zu behandeln
- der Coach baut *das Malen als ein Bestandteil* in sein *Konzept* ein, der Therapeut sieht seinen Patienten beim Malen

Trotz aller Unterschiede kann ein Coach jedoch mit ähnlichen Methoden arbeiten wie ein Kunst-Therapeut. Bislang ist dieser *Transfer von Methoden* jedoch allenfalls sporadisch in der Praxis zustande gekommen. Ein theoretisch fundiertes Konzept fehlte bislang. Drei innovative Konzepte wurden in dieser Arbeit in einem neuen Zusammenhang dargestellt.

Kreatives Potential wird gefördert!

Der Blick in die Vergangenheit soll eine – meiner Meinung nach – vorhandene Problematik deutlich machen:

Der Auftrag der *Erziehung* wurde Anfang dieses Jahrhunderts folgendermaßen formuliert: „Bei aller Vielfalt der Ansätze zeichnet sich diese erste pädagogische Reformbewegung durch zwei zentrale Erziehungsziele aus: Erziehung zum schöpferischen Ausdruck und Erziehung zur Gemeinschaftsfähigkeit."[296] Eine Erziehung, die vorwiegend auf Auswendiglernen und Reproduzieren begrifflichen Wissens ausgerichtet war, sollte abgelöst werden, durch eine Erziehung, in deren Mittelpunkt der „freie Ausdruck von Gefühlen, Wertungen und Vorstellungen steht"[297].

Diesen Auftrag hat die Pädagogik, respektive die Schule, bis heute nicht erfüllt. *„Ich kann nicht malen!"* ist eine Erfahrung, die von vielen in der Schule gemacht wird und die Menschen für ihr Leben geprägt hat. Mit diesen, nennen wir sie hier *Kunst-Traumatas*, oder *Kunst-Blockaden*, wird sich ein Coach, der sinnlich-gestalterische Methoden anwendet, meiner Meinung nach auseinandersetzen müssen. Vielleicht werden einige *potentielle* Klienten, auf Grund ihrer Negativ-Erfahrungen in der Schule, kein Interesse mehr an einer Beschäftigung mit Kunst haben. Dennoch besteht ein genereller Unterschied zwischen *Kunst* und *künstlerischer Tätigkeit.* Selbst wenn Kunst (wie sie im Museum zu finden ist) den Klienten abschreckt, wird meiner Ansicht nach die künstlerische Tätigkeit im Allgemeinen weniger Abschreckend wirken.

Es obliegt hier dem Klienten zu prüfen und zu entscheiden, ob er sich auf die vorgeschlagenen Methoden einlassen kann oder nicht. Der Coach sollte aufmerksam sein und nachfragen, wie der Klient sich mit den durchgeführten Methoden fühlt. Weiterhin ist es die Aufgabe des Coachs, seinen Klienten zu ermutigen, sich auf neue Methoden und auf die Begegnung mit Kunst einzulassen.

Der erweiterte Kunstbegriff, der auch in diesem Konzept Grundlage für die kreativen Prozesse der Kunst-Produktion ist, zeigt einen Weg zum produktiven Umgang mit den (möglicherweise vorhandenen) Zweifeln und Blockaden

---

[296] Aus : http://gwdu19.gwdg.de/~kflechs/iikdiaps5-96.htm#iikdiaps5-96b , KARL-HEINZ FLECHSIG, 23.5.2000
[297] Ebd.

des Klienten auf. „Wenn Beuys sagt, dass jeder Mensch ein Künstler sei, dann meint er damit nicht, jeder Mensch sei ein Maler oder ein Bildhauer. Er meint vielmehr, dass jeder Mensch kreative Fähigkeiten besitzt, die erkannt und ausgebildet werden müssen."[298] Es geht beim Thema *Kunst im Coaching-Prozess* darum, **die kreativen Potentiale des Klienten neu zu erwecken und zu fördern.** Dies ist eine der wesentlichsten Absichten bei der Arbeit mit diesem Konzept. Durch Kunstbetrachtung, Kunst-Produktion und anregende Fragen und Aufgabenstellungen kann der Coach seinen Klienten anleiten, einen kreativen Prozess zu durchlaufen, der sich im Wechsel von *Logik – Intuition – Logik* vollzieht. Diese Eigenschaft von Kunstbetrachtung und Kunst-Produktion macht den Einsatz der hier vorgestellten Methoden im Coaching auch jenseits aller Moden und Trends sinn- und wertvoll. Kreativität schafft Lebensqualität, begünstigt Produktivität und fördert Flow. Der in der Schule versäumte Bildungsauftrag bekommt eine neue Chance!

Mit Kunst kann kreativ interveniert werden!

Kunst stellt den Menschen vor Rätsel. WILHELM SALBER schreibt: „Umgang mit Kunst ist zwiespältig. Kunst zieht an, fasziniert, begeistert; wir haben ‚was' an ihr, finden sie vertraut, ‚schön' und ‚ideal'. Zugleich sind wir aber auch unsicher, wir schwanken; Kunst erscheint uns fremd, ärgerlich, überfordernd, ungreifbar und unbegründbar. Wir lassen sie links liegen, betrachten sie als Scheinwelt oder museales Schattenreich."[299] Eine gewisse Zwiespältigkeit tritt auf, wenn Menschen sich näher mit Kunst beschäftigen. Diese Verunsicherung ist es, die eine Verknüpfung von Kunst mit Coaching sinnvoll macht. Ein Coach hat grundsätzlich, wie in Kapitel 3.2.4. beschrieben, zwei Möglichkeiten zu intervenieren: er kann beschwichtigen und er kann verstören. Eben dies tut Kunst auch: sie versöhnt durch ihre Schönheit und sie stößt ab durch ihre Vieldeutigkeit und ihre Zuspitzung von Realität. **In der Kunst kann die Seele des Menschen, mit all ihrer Ambivalenz, Ausdruck finden.** Diese Qualität von Kunst macht sich das Konzept *Coaching und Kunst* nutzbar. Der Coach hilft seinem Klienten, bestehende Dualitäten zu er-

---

[298] STACHELHAUS, HEINER: *Josef Beuys*; Econ, München 1999, S. 79
[299] SALBER, WILHELM: *Kunst-Psychologie-Behandlung*; Bouvier Verlag, Bonn 1977, S. 11

kennen und Ambivalenzen zuzulassen. Kunst und Kunst-Produktion sind Medium für diesen Erkenntnisvorgang.

Durch künstlerischen Ausdruck wird Kommunikation gefördert!

Wie in Kapitel 2.1.4. erläutert, versucht der Berater seinen Klienten zu verstehen, indem er „in einen Dialog"[300] mit ihm eintritt. „Um sicher zu gehen, dass die Mitteilung richtig, d.h. im Sinne des Senders (...) verstanden wurde, teilt der Empfänger (...) dem Ratsuchenden mit, wie er die Mitteilung (Antwort, Antwortenkomplex) verstanden hat."[301] Dies ist, nach den Erkenntnissen aus Kapitel 3.2., nicht nur dialogisch zu bewerkstelligen. Kunst kann hier ein Medium sein, das dem Klienten hilft, sich auszudrücken und seine Situation zu begreifen und zu reflektieren. Im Gespräch lässt der Coach seinen Klienten reden, fragt nach und korrigiert, was er nicht verstanden hat. Dieser Dialog kann durch eine Bild-, bzw. Kunstbeschreibung angeregt werden. „Das Ziel und der Abschluß der dialogischen Rekonstruktion sind die Konsensbildung über die erhobene Selbst- und Weltsicht zur Sicherung (...) des dialogisch gewonnenen Verstehens."[302] Die Annahme, dass der Mensch Zugang zu seinen mentalen Prozessen hat, die mit seinen Handlungen (geplant oder ungeplant) zusammenhängen, und dass er diese nicht nur verbalisieren sondern auch künstlerisch ausdrücken kann, hat sich in Kapitel 3 erhärtet. Was in Kapitel 2 *Problemdefinierung/Lösungsfindung* genannt wird, hängt eng mit der *Rekonstruktion der Welt- und Selbstsicht* zusammen, die durch kreative Prozesse, wie in Kapitel 3.2. dargestellt, *ganzheitlich* Ausdruck finden kann. Sinnlich-gestalterische Methoden bieten dem Coach die Möglichkeit, kreative Prozesse gezielt zu initiieren um in Kontakt, in Kommunikation mit seinem Klienten zu treten.

Sinnlich-gestalterische Methoden fördern persönliche Entwicklung!

Im Coaching-Prozess wird versucht persönliche Entwicklung anzuregen. Im Zusammenhang mit persönlicher Entwicklung taucht ebenfalls der Ausdruck

---

[300] Mutzeck 1999, S. 58
[301] Ebd. S. 58
[302] Ebd. S. 61

169

Selbstbewusstsein auf. Eine Definition des Begriffs *Selbstbewusstsein* kann aufgeteilt werden in[303]:

    a) das Bewusstsein des Menschen von sich selbst als Individuum

    b) das Wissen eines Menschen von seinen Beziehungen zu anderen

Um seinem Klienten zu helfen, sich über die Beziehung zu sich selbst und zu seinen Mitmenschen bewusst zu werden, kann der Coach *sinnlich-gerstalterische Methoden* einsetzen.

BETTINA EGGER erläutert, dass sich das Körpergefühl im Laufe der Entwicklung eines Menschen immer weiter differenziert, d.h. die Körperwahrnehmung wird immer genauer und detaillierter[304]. Die Beziehung zum Körper drückt sich, ihrer Auffassung nach, auch in der Art aus, in der ein Mensch sich selbst und seinen Körper malt. Wenn nur ein geringes Körpergefühl mit dem Malen verbunden ist, wird versucht, den Körper nach einer Vorgabe zu malen, d.h. so wie man einen Körper *richtig malt*. Das eigene Gefühl wird dabei, so EGGERS Erkenntnis, unwichtig. So wird Malen nicht als Ausdruck der Innenwelt, sondern als Pflichterfüllung verstanden, die der Anpassung an die Normen des sozialen Umfelds dienen soll. Der Mensch lernt, immer realistischer zu malen, obwohl gar nicht geklärt ist, welche Realität gemeint ist. So enthält *richtig malen* (= realistisch malen) auch gar keine *Lust* und *Selbsterfahrung* mehr, sondern der Mensch lernt zu malen, was für seine Umwelt *richtig* ist.

An diesem Punkt könnte im Coaching-Prozess eine Intervention mit sinnlichgestalterischen Methoden erfolgen.

Der Coach gibt seinem Klienten kreative Aufgaben, mit denen er

    a) die Sicht auf seinen Körper und

    b) seine Einstellung zu sich selbst

neu erfahren kann.

Er begleitet den Prozess, z.B. indem er sich für das Gemalte interessiert und nachfragt, warum der Klient das Bild so gemalt hat, wie er es gemalt hat. Der Coach kann versuchen, mit seinem Klienten zusammen die Gründe, die zur Entstehung des Bildes geführt haben, nachzuvollziehen. Der Klient kann dadurch erkennen, warum er sein Bild so gemalt hat, wie er es gemalt hat und

---

[303] Humboldt-Psychologie-Lexikon, Humboldt Taschenbuchverlag, München 1990, S. 337
[304] EGGER, BETTINA: *Malen als Lernhilfe*; Zytglotte Werkbuch, 2.Aufl., Bern 1987, S. 12

seine Sichtweise reflektieren. Selbsterkenntnis ist der erste Schritt zur Veränderung, denn wie oben beschrieben ist das Bewusstsein eines Menschen von sich als Individuum von großer Bedeutung für das Selbstbewusstsein. Aber auch die Beziehung zur Umwelt kann durch künstlerisches Schaffen reflektiert werden. Wie sieht sich der Klient im Vergleich zu seinen Kollegen, seiner Familie, seinen Freunden? Durch Kunstbetrachtung und Kunst-Produktion kann die Sicht der eigenen Situation vielseitig dargestellt und reflektiert werden. Persönliche Entwicklung kann stattfinden – als Weg vom *Ist-Zustand* zum *Soll-Zustand*.

Das Thema dieser Veröffentlichung *Coaching und Kunst – ein Konzept für die Anwendung kreativer Methoden in der Beratung* ist nun mit Inhalt gefüllt. Es haben sich Erkenntnisse eingestellt, es sind Nebenwege gegangen worden, die nicht vorhersehbar waren. Fragen sind aufgetaucht , wie z.B.: *Was hat sinnliches Lernen mit Kunst im Coaching-Prozess zu tun?* Im Ganzen ist ein umfassendes Konzept entstanden. Ist es dem Anspruch an Vollständigkeit und Schlüssigkeit gerecht geworden?

Für den Autor besteht der nächste Schritt in der Evaluation der vorgestellten Methoden in der Praxis. Wie werden die Klienten auf das Angebot reagieren? Welche Methoden werden sich in der Praxis bewähren? Welche neuen Wege werden im Tun entdeckt werden?

Ich hoffe, dass Sie, lieber Leser, von dem hier beschriebenen Konzept angeregt worden sind sinnlich-gestalterische Methoden in Beratungsprozessen einzusetzen. Ich wünsche Ihnen Freude bei der Umsetzung!

Stefan Hermanns, Hildesheim im November 2001

Ich freue mich über Rückmeldungen und Fragen zum der Einsatz der vorgestellten Methoden in der Praxis: KreativCoach@aol.com

Informationen über Seminare zum Thema und ein Forum für die Anwendung kreativer Methoden in der Beratung finden Sie auf meiner Homepage: www.KreativCoaching.de

6. Literaturverzeichnis

BÖNING, UWE/FRITSCHKE, BRIGITTE: *Veränderungsmanagement auf dem Prüfstand*; Rudolf Haufe-Verlag, Freiburg 1997

BRECHT, BERTOLT: *Geschichten von Herrn Keuner.*; Büchergilde Gutenberg, Frankfurt am Main 1984

BRODBECK, KARL-HEINZ: *Entscheidung zur Kreativität*; Wissenschaftliche Buchgesellschaft, Darmstadt 1995

BUTZKO, H.G.: *Coaching ist eigentlich der falsche Begriff* ; in Wirtschaft und Weiterbildung 6, 1993, S. 48-50

CHRISTIANI, ALEXANDER: *Weck den Sieger in Dir! In 7 Schritten zu dauerhafter Selbstmotivation*; Gabler-Verlag 1997

CHRISTINE MANN/ ERHART SCHRÖTER/ WOLFGANG WANGERIN: *Selbsterfahrung durch Kunst*; Beltz, Weinheim 1985

CLEVELAND, BERNARD F.: *Das Lernen lehren.*; Verlag für Angewandte Kinesiologie, Freiburg 1995

CSIKSZENTMIHALYI, MIHALY: *Flow. Das Geheimnis des Glücks*; Klett-Cotta, Stuttgart 1992

CSIKSZENTMIHALYI, MIHALY: *Kreativität. Wie Sie das Unmögliche schaffen und Ihre Grenzen überwinden*; Klett-Cotta, Stuttgart 1997

DAN MILLMAN: *Erleuchteter Alltag Die zwölf Entwicklungsschritte des friedvollen Kriegers*; Ansata-Verlag, München 1998

Dorsch Psychologisches Wörterbuch, Verlag Hans-Huber, Göttingen 1998

FINKEL, KLAUS/ DECKER-VOIGT, HANS-HELMUT: *Spiel und Aktion*; Pädagogischer Verlag Schwann, Düsseldorf 1980

FRANZKE, ERICH: *Der Mensch und sein Gestaltungserleben*; Verlag Hans-Huber, Bern 1977

FULLER, BUCKMINSTER R.: *Bedienungsanleitung für das Raumschiff Erde.*; Verlag der Kunst, Dresden 1998

GIBRAN, KAHLIL: *Der Prophet.*; Walter-Verlag, Düsseldorf 1998

GOLEMAN, DANIEL: *Kreativität entdecken*; Deutscher Taschenbuch Verlag, München 1999

GRAF, JÜRGEN: *Auf Umwegen zur Wirklichkeit*; Zeitschrift „manager-seminare", Mai 1999

GRAF, JÜRGEN: *Seminare 1999 – Das Jahrbuch der Management-Weiterbildung*; ManagerSeminare-Verlag Gerhard May, Bonn 1999

GUNTERN, GOTTLIEB: *Der kreative Weg*; Verlag f. moderne Industrie, Zürich 1995

HUBER, CHERI: *How You Do Anything Is How You Do Everything*; Keep It Simple Books, Murphys, California 1998

KNILL, PAOLO J.: *Ausdruckstherapie – Künstlerischer Ausdruck in Therapie und Erziehung als intermediale Methode*; Ohlsen-Verlag, Halle/Westfalen 1979

KOSSOLAPOW, LINE und ANNELIESE MANNZMANN: *Kreativität und Therapien*; Verlag Karl Heinrich Bock, Bad Honnef 1985

KOSSOLAPOW, LINE: *Musische Erziehung zwischen Kunst und Kreativität*; Fischer Athäum, Frankfurt am Main 1975

MAAß, EVELYNE und RITSCHL, KARSTEN: *Coaching mit NLP. Erfolgreich Coachen in Beruf und Alltag. Ein Übungsbuch*; Jungfermann-Verlag, Paderborn 1997

MARKOVA, DAWNA: *Die Entdeckung des Möglichen*; VAK-Verlag, Göttingen 1994

MEUELER, ERHARD: *Die Türen des Käfigs*; Klett-Cotta, Stuttgart 1993

MUTZECK, WOLFGANG: *Kooperative Beratung*; Beltz Taschenbuch Verlag, Weinheim 1999

RAUEN, CHRISTOPER: *Coaching*; Verlag für Angewandte Psychologie, Göttingen 1999

READ, HERBERT Hrsg.: *DuMont's Künstlerlexikon*, DUMONT-Verlag, Köln 1997

RECH, PETER: *Kunst als Gegenständliche Therapie. Mit praktischen Nutzanwendungen.*; Kösel-Verlag, München 1994

ROGERS, CARL: *Die klientenzentrierte Gesprächspsychotherapie*; Fischer-Verlag, Frankfurt/M 1996

ROTH, WOLFGANG L./ BRÜNING, MARIETTA/ EDLER, JOACHIM: *Coaching - Reflexionen und empirische Daten zu einem neuen Personalentwicklungsinstrument.* in WILKER, FRIEDRICH-W. (Hrsg.): *Supervision und Coaching. Aus der Praxis für die Praxis*, Deutscher Psychologen Verlag GmbH: Bonn, 1995, S. 248-262

RUß-ROHLFS, WALTER: *Coach mit Herz und Verstand*; Wirtschaft Nordhessen, IHK-Magazin, Januar 2000

SALBER, WILHELM: *Kunst – Psychologie – Behandlung;* Bouvier Verlag, Bonn 1977

SCHAUDE, GÖTZ: *Kreativitäts-, Problemlösungs- und Präsentationstechniken*.; Rationalisierungs-Kuratorium der Deutschen Wirtschaft e.V., Eschborn 1995

SCHLICKUPP, H.: *Innovation, Kreativität & Ideenfindung.*; Vogel-Verlag, Würzburg 1998

SCHMIDT-TANGER, MARTINA: *Veränderungs-Coaching*; Junfermann, Paderborn 1998

SCHREYÖGG, ASTRID: *Coaching. Eine Einführung für Praxis und Ausbildung*; Campus Verlag, Frankfurt/M 1995

SCHULZ VON THUN, FRIEDEMAN: *Miteinander Reden 1*; Rowohlt Taschenbuch Verlag, Reinbek bei Hamburg 1996

SCHULZE, THEODOR in LENZEN, DIETER: *Kunst und Pädagogik*; Wissenschaftliche Buchgesellschaft, Darmstadt 1990

SIMMEN, JEANNOT/KOHLHOFF, KOLJA: *Kasimir Malewitsch*; Könemann-Verlag, Köln 1999

SPRENGER, REINHARD K.: *Die Entscheidung liegt bei Dir! Wege aus der alltäglichen Unzufriedenheit*; Campus-Verlag 1997

STACHELHAUS, HEINER: *Josef Beuys*; Econ, München 1999

STOLLE, JÜRGEN: *Kreativitätstechniken. Kreativität und Techniken – (k)ein Widerspruch!?*; im *Handbuch Sozialmanagement*, Rabbe Verlag, Düsseldorf 1996

STOWASSER, FRANZ/THUMM, GEORG: *Coaching – das Flösserprinzip*; Verlag A&O des Wissens, Zürich 1999

TITSCHER, STEFAN: *Professionelle Beratung: was beide Seiten vorher wissen sollten...*; Wirtschaftsverlag Carl Ueberreuter, Wien/Frankfurt 1997

TOLSTOI, LEO N.: *Was ist Kunst?*; Eugen Diderichs Verlag, München 1993

V. OECH, ROGER: *Der kreative Kick*; Junfermann, Paderborn 1997

VESTER, FREDERIC: *Denken, Lernen Vergessen*; Deutscher Taschenbuchverlag, München 1978

VON HENTIG, HARTMUT: *Kreativität. Hohe Erwartungen an einen schwachen Begriff*; Carl Hanser Verlag

WESTPHAL, REGINA: *Kreativitätsfördernde Methoden in der Beratungsarbeit*; Claus Richter Verlag, Köln 1984

WINNICOTT, DONALD W.: *Vom Spiel zur Kreativität*; 3. Auflage, Klett-Cotta, Stuttgart 1985

WOLTMANN-ZINGSHEIM, BERND/NEBEL, GEORG: *Coaching: Die „Runter-vom-Sofa"-Beratung;* in *Supervision in der Postmoderne*, Aachen 1998

ZIMBARDO, PHILIP G.: *Psychologie*; Springer Verlag, Berlin 1995

7. Anhang

7.1 Bildempfehlungen *psychologische Morphologie*

Kunst, mit der WILHELM SALBER *arbeitet:*

KLEE, PAUL

- „In den Werken von P. Klee erweisen sich Behandlung, Gefüge, Funktionieren als Treffpunkte von Kunst und Begebenheiten der Transfiguration – damit stellt sich Ent-wicklung als etwas „Substantielles" dar."[305]

DELACROIX, EUGÉNE: *Die Freiheit führt das Volk an*

- „Zwischen „Werdendem" und den Wirkungseinheiten, in denen wir leben, bilden sich manigfaltige Geschichten aus. Sie tragen dazu bei, Wirklichkeiten zu organisieren."[306]

STEINBERG S: *Fourteenth Street*

- „Die Absicht einer Zeichnung liegt darin, die Leute fühlen zu lassen, dass in ihr noch etwas anderes steckt, jenseits des Wahrnehmbaren. Die Reise zwischen Wahrnehmung und Verstehen – damit vor allem spiele ich."[307]

DALI, SALVADOR : *Les métamorphoses érotiques*

- „In Karikaturen, Zusammensetzungen, Umzeichnungen, im Entwickeln von Konsequenzen, in ungewohnten Produktionen tritt nur besonders deutlich zutage, was aus „Dreck" und „Resten" alles zu machen ist."[308]

VOSTELL KLAUS: *Mania-Zyclus*

---

[305] SALBER, WILHELM: *Kunst-Psychologie-Behandlung*; Bouvier Verlag, Bonn 1977, S. 25
[306] Ebd. S. 26
[307] Ebd. S. 35
[308] Ebd. S. 42

- „Bei den Objekt-Kästen von Vostell tritt Metamorphose zutage: im „stofflichen Eindruck", im Verbinden und Auseinandernehmen von Komplexen, im Bemerken von Indem, Dazwischen, schräge, von Verrücken, in den Analogien, die Vostell sichtbar macht, in der Entwicklung von Gestaltung und Umgestaltung, die eine Morpho-logie von Ereignissen darstellt."[309]

Kunst, mit der HANS CHRISTIAN HEILING arbeitet:

REMBRANDT: *Selbstportrait*, 1638

MAX ERNST: *Die Geburt der Komödie*, 1947

PABLO PICASSO: *Stilleben*, 1953

JOSEF ALBERS: *Hommage to a square*, 1963

REBECCA HORN: *Der Mond, das Kind, der anarchistische Fluß*, 1992

---

[309] Ebd. S. 47

7.2 Bildempfehlungen *kreative Kunstrezeption*

EUGÈNE DELACROIX: *Die Freiheit als Führerin des Volkes*, 1830

CASPAR DAVID FRIEDRICH: *Der Wanderer über dem Nebelmeer*

EDOUARD MANET: *Bar aux Folies-Bergère*

BALKENHOHL, STEVE: *Paar (rot/grün)*

FRANCIS PICABIA : *Zwei transparente Personen*

GEORGE SEGAL: *Alice beim Hören ihrer Gedichte und Musik*

PAUL KLEE: *Der L-Platz im Bau*

SALVADOR DALÍ: *Vor dem Erwachen*

7.3 Methodenanhang *anregende Fragen und Aufgaben*

Im Folgenden sind die Fragen und Aufgabenstellungen von CHERI HUBER aus dem Buch „How You Do Anything Is How You Do Everything" aufgelistet. *Die Texte sind von mir frei aus dem Englischen übersetzt worden*, da von CHERI HUBER bislang noch keine deutsche Übersetzung zu finden ist. Des weiteren habe ich eine Auswahl getroffen von Fragen und Aufgabenstellungen, die meiner Ansicht nach für den Einsatz im Coaching besonders geeignet sind. In der amerikanischen Originalausgabe sind auf jeder DinA4 Seite nur eine Frage/Aufgabe abgedruckt, der Rest ist frei für die Beantwortung/Bearbeitung.

Die Fragen und Aufgabenstellungen sind sortiert nach den drei Fragekategorien

1. *Wie nehme ich mich selbst wahr?*
2. *Was glaube ich, wie andere mich wahrnehmen?*
3. *Was sind meine Wünsche, Träume, Ziele und Visionen?*

Einige Fragen und Aufgaben bauen aufeinander auf. Aus diesem Grund habe ich die Seitenzahlen der amerikanischen Originalausgabe als Orientierungshilfe vor die Fragen und Aufgaben gestellt. So ist trotz der neuen Aufteilung ersichtlich, welche Aufgabe unmittelbar auf eine andere folgt und welche Aufgabe für sich alleine stehen kann.

1. Wie nehme ich mich selbst wahr?

Male ein Bild deines/des Lebens
Male ein Bild, wie Du das Leben siehst (S. 3)

Was waren die wichtigsten Schritte, die dich dorthin gebracht haben, wo Du jetzt/heute stehst/bist? (S. 4)

Male ein Bild von Dir bei der Arbeit.
Beschreibe die Eigenschaften dieser Person. (S. 6)

Male ein Bild von Dir beim Spielen.

Beschreibe die Eigenschaften dieser Person. (S. 7)

Male ein Bild von Dir zuhause.

Beschreibe die Eigenschaften dieser Person. (S. 8)

Was passiert mit Dir, wenn Du unzufrieden bist?

Wie vermeidest Du Unzufriedenheit?

Was integrierst Du in Dein Leben und was schließt Du aus, um Unzufriedenheit zu vermeiden? (S. 14)

Erinnere Dich an einen Urlaub. Zeichne deine Erfahrungen, realistisch oder
symbolisch. (S. 23)

Sieh Dich in deinem Urlaub ankommen...

Was sagst Du?

Was tust Du? Was fühlst Du?

Was erwartest Du?

Vor was hast Du Angst? (S. 24)

Du hast eine ganz besondere Person, die den Urlaub mit Dir verbringt.

Wie soll diese Person sein?

Wenn es nicht so passiert, wer in Dir wird enttäuscht sein?

Was könntest Du tun, damit es so wird, wie Du es haben willst? (S. 25)

Schreibe einen Dialog zwischen dem Teil in Dir, der Urlaub mag und dem
Teil, der Urlaub nicht mag. Kannst Du die Teile benennen? (S. 26)

An was musst Du arbeiten? Schreibe es hier auf... (S. 27)

Fünf Fragen:

    1. Wie ist diese Sache gegenwärtig in Deinem Leben?

    2. Wie ist dies ein fortwährender Prozess in Deinem Leben gewesen?

    3. Was müsstest Du tun, um diese Sache zuende zu bringen?

4. Was bist Du bereit dafür zu tun?

5. Was sind die Gründe, positiv und negativ, diese Sache nicht zuende zu bringen?

Denke an Dein Lieblingstier und an das Tier, dass Du am wenigsten magst. (S. 30)
Schreibe eine Geschichte über sie und benutze Adjektive, die erklären, warum Du das eine magst und das andere nicht. (Der liebenswerte, schüchterne Hund hob den Kopf und schaute das Gesicht des gemeinen, dummen...)
Könntest Du diese Eigenschaften ebenfalls besitzen?

Bist Du eine Person mit Mitleid?
Wann hast Du am meisten Mitleid?
Wann hast Du am wenigsten Mitleid?
Hast Du mehr Mitleid mit Dir oder mit anderen Personen? (S. 35)

Was ist die liebevollste Sache, die Du im Augenblick für Dich tun könntest?
Was denkst Du vom Leben und von Dir, das Dich daran hindert das zu tun? (S. 36)

Wer bist Du in diesem Augenblick....
Was denkst Du über das Leben?
Wie fühlst Du Dich? Wie alt?
Wie würdest Du Dein Leben verändern?
Wie würdest Du andere verändern?
Was möchtest Du?
Was brauchst Du? (S. 37)

Was sind Deine Stärken?
Und Schwächen?
Woher weißt Du, daß sie es sind?
Wer sagt, daß sie es sind? (S. 38)

Denke an drei dominante Eigenschaften von jemandem, den Du nicht magst. Schreibe sie auf. (1./2./3.)

Denke an drei dominante Eigenschaften von jemandem, den Du magst. Schreibe sie auf. (1./2./3.)

Besitzt Du vielleicht ebenfalls diese Eigenschaften und bist Du manchmal genau so? (S. 43)

Am Ende eines Tages,

- lasse den Tag revue passieren,
- erinnere Dich an alle Begegnungen die Du hattest,
- beschreibe die Personen die Du getroffen hast.
- Erinnere Dich, was sie getan haben und wie sie es getan haben.
- Könntest Du diese Projektionen ebenfalls haben?
- Kannst Du sehen, wie Du andere siehst? (S. 47)

Welches Buch, Lied und Film beschreiben Dein Leben am ehesten?

Wie würde der Titel eines Buches, Liedes und Filmes über dein Leben sein? (S. 49)

Spanne Dich physisch an. Entspanne Dich.

Spanne Dich emotional an. Entspanne Dich.

Spanne Dich seelisch an. Entspanne Dich.

Wenn Du herausfindest, wann und wo Du Dich anspannst, wiederhole jede Übung. (S. 50)

Male ein Bild deines Körpers. (S. 51)

Lasse deine Aufmerksamkeit gleiten, von der Spitze deines Kopfes, durch den ganzen Körper, den ganzen Weg bis zu deinen Füßen, und nimm deinen Körper so genau wie möglich wahr. (S. 52)

Was für einen Körper hast Du?

Wie fühlst Du dich mit ihm?

Ist er der Richtige für Dich?

Wie würdest Du ihn verändern?

Was schätzt Du am meisten an ihm?

Was hast Du am liebsten an ihm?

Was magst Du überhaupt nicht? (S. 53)

Male ein Bild Deiner Gefühle. (S. 54)

Was sagt dein Bild darüber aus, wie Du Dich emotional siehst? Welcher Teil von Dir hat Deine Gefühle gemalt? (S. 55)

Was macht Dich am unglücklichsten?

Was könntest Du tun, um auf den Teil von Dir zu achten, der unglücklich ist? (S. 58)

Wann bestrafst Du Dich selbst?

Wie bestrafst Du Dich selbst? (S. 59)

Wann bist Du gut zu Dir?

Wie bist Du, wenn Du gut zu Dir bist? (S. 60)

Wie bist Du, wenn Du allein bist?

Wie bist Du, wenn Du einsam bist? (S. 61)

Was tust Du, wenn Du lieb zu jemanden sein willst, oder Dich um jemanden kümmern willst?

Würdest Du das gleiche auch für Dich tun? (S. 62)

Wann bist Du in der Defensive und musst Dich verteidigen?

Wie verteidigst Du Dich? Was ist Deine bevorzugte Verteidigung? (S. 63)

Über was bist Du Dir am unsichersten?

Wie hat diese Unsicherheit dein Leben beeinflusst? (S. 64)

Was gibt Dir ein Gefühl der Sicherheit?

Was tauschst Du für diese Sicherheit ein? (S. 65)

Erinnere Dich noch einmal an Seite 22 (s.o.)
Reduziere Deine Liste von zehn auf drei Dinge, die für Dich am wichtigsten sind. (S. 66)

Was würdest Du gerne
Haben?
Tun?
Sein?
Kannst Du Dir die Erlaubnis geben, das zu haben, tun und sein?
Was hält Dich davon ab? Wie hältst Du Dich davon ab? (S. 67)

Wie wirst Du enttäuscht? (Versuche den Prozess des Enttäuscht-werdens aufzudecken.) (S. 68)

Was erwartest, oder verlangst Du vom Leben, dass Unzufriedenheit in Dir hervorruft? (Kannst Du Dich an spezielle Beispiele erinnern, in denen deine Erwartungen an das Leben und dein Verlangen der Grund für Unzufriedenheit und Leiden waren?) (S. 69)

Wie veränderst Du Dich, wenn Du in einer Gruppe, mit anderen zusammen bist? Was ändert sich für Dich? (S. 70)

Wie bist Du zu jemanden, den Du magst?
...und zu jemanden den Du nicht magst? (S. 71)

Ich erlaube mir:
Zu lieben, aber nicht...
Zu weinen, aber nicht...
Ärgerlich zu sein, aber nicht...
Zu spielen, aber nicht...
Zu tun, was ich möchte, aber nicht...
Zu haben, was ich möchte, aber nicht...

Gehen zu lassen, aber nicht...
Geliebt zu werden, aber nicht...
Mich gut zu fühlen, aber nicht... (S. 73)

Wie hast Du Dich im letzten Jahr verändert?
Wie fühlst Du Dich mit diesen Veränderungen? (S. 74)

Wann hast Du zum ersten Mal ... erfahren? (erinnere Dich an die Umstände)
Liebe, Angst, Hass, Schuld, Verlegenheit, Neid, Beklemmung, Mut, Eifersucht, Freude
Wann hast Du zum letzten Mal ... erfahren?
Liebe, Angst, Hass, Schuld, Verlegenheit, Neid, Beklemmung, Mut, Eifersucht, Freude (S. 75)

Wie alt ist der Teil von Dir, der ... erfahren hat?
(Liebe, Angst, Hass, Schuld, Verlegenheit, Neid, Beklemmung, Mut, Eifersucht, Freude)
Wer aus Deinem Leben kommt Dir in den Sinn, wenn Du an ... denkst?
(Liebe, Angst, Hass, Schuld, Verlegenheit, Neid, Beklemmung, Mut, Eifersucht, Freude)
(in Tabelle darstellen!!!) (S. 76)

Male ein Bild, wie Du Dich mental siehst...
[Gemeint ist „Draw a picture of your mind", eine equivalente Übersetzung ist hier schwierig! - Anm. des Übersetzers] (S. 77)

Was sagt das Bild über deine Sicht über Dich aus? (S. 78)

Beende das Folgende:
Ich bin die Art von Mensch, die..
Ich bin die Art von Mensch, die..
Ich bin die Art von Mensch, die..
Ich bin die Art von Mensch, die.. (S. 79)

Beschreibe eine Sache über Dich, von der Du Dir wünschst, daß sie anders wäre.

Benenne den Teil von Dir, der anders sein möchte. Was sind ihre/seine Eigenschaften? (S. 80)

Das ärgerliche an mir ist, daß... (Fülle den Platz wenn Du kannst.)

Das Gute an mir ist, daß... (Fülle den Platz wenn Du kannst.) (S. 82)

Was sind die drei Sachen, die Du am meisten an Dir schätzt? (S. 83)

Male ein Bild von Dir, wie Du Dich am wenigsten magst. Beschreibe die Eigenschaften dieser Person. (S. 84)

Wer (welcher Teil von Dir) glaubt, daß etwas mit Dir nicht stimmt? Gib ihn/ihr einen Namen.

Beschreibe die Eigenschaften dieses Teils von Dir.

Vor was hat er/sie Angst?

Was ist der Vorteil für dich an diesem Glauben festzuhalten? (S. 85)

Schreibe drei "positive" Meinungen auf. (1./2./3.)

Schreibe drei "negative" Meinungen auf. (1./2./3.)

(S. 86)

Schreibe drei Dinge auf:

Ich glaube (1./2./3.)

Ich denke (1./2./3.)

Ich weiß (1./2./3.)

Welchen Unterschied gibt es? (S. 88)

Wann fühlst Du Dich sicher?

Wann fühlst DU Dich unsicher? (S. 89)

Beschreibe und/oder male den Platz, an dem Du Dich am sichersten fühlst. (S. 90)

Identifiziere eine Tatsache.

Schreibe sie hier auf

Vermerke/ notiere die Glaubenssätze, die DU in Bezug auf diese Tatsache hast.

Vermerke/ notiere die Glaubenssätze, die Du von dieser Tatsache vernhältst.

Kannst Du die Teile von Dir benennen, die auf den beiden Seiten dieser Tatsache stehen? (S. 91)

Beende:

Jemand sollte...

Ich sollte...

Die Menschheit sollte...

Du solltest...

Wir sollten...

Die anderen sollten...

(Wer hat das gesagt?) (S. 93)

Wie gibst Du schwierige Informationen weiter?

Was machst Du, um schwierige Informationen offen aufzunehmen? (S. 101)

Stell Dir den Liebesbrief vor, den Du gerne bekommen würdest. - male den Liebesbrief - benutze Farben, Paste, Glitter, Bänder, Blumen, Schokolade, usw. (wenn Du möchtest). (S. 102)

Male ein Bild Deiner Familie. Was fällt Dir auf? (S. 103)

Was schätzt Du am meisten an dem wie Du aufgewachsen bist?

Was ist Deine schönste Erinnerung an Deine Kindheit?

Was sagt sie Dir darüber wie Du jetzt bist? (S. 104)

Liste die Eigenschaften deines Vaters auf: die positiven Eigenschaften/ die negativen Eigenschaften

Liste die Eigenschaften deiner Mutter auf: die positiven Eigenschaften/die negativen Eigenschaften
Beobachte, wo Du diese Eigenschaften in deinem Leben zeigst. (S. 105)

Schreibe eine einseitige Definition darüber, was eine Beziehung ist.
Wenn Du Menschen in Deinem Leben kennst, die bereit sind diese Übung ebenfalls zu machen, teilt Eure Definitionen. Wo sind sie gleich? Verschieden? (S. 112)

Betrachte Dich, wie Du in einer Beziehung bist.
Schreibe und/oder male eine Beschreibung/Gebrauchsanweisung (S. 113)

Betrachte Dich, wie Du nicht in einer Beziehung bist.
Schreibe und/oder male eine Beschreibung/Gebrauchsanweisung (S. 114)

Wie sollte eine Beziehung sein?
(Schau genau hin. Gib so viele Details an, wie Du kannst.)
(S. 115)

Schreibe die wichtigsten Beziehungen Deines Lebens auf.
In jeder einzelnen:
Was lernst Du, was hast Du gelernt?
Vor welchen Schablonen, Mustern, Verhaltensweisen nimmst Du Dich in acht?
Was waren/ sind extreme Erfahrungen?
Welcher Teil von Dir hat die Beziehung?
Welche Bedürfnisse werden/wurden befriedigt?
Welche Bedürfnisse werden/wurden nicht befriedigt?
Wie würde die andere Person Dich beschreiben? (S. 116)

Was möchtest Du in einer Beziehung?
Was würdest Du nicht geben?
Was hast Du aufgehört zu riskieren? (S. 117)

Mein größtes Problem in einer Beziehung ist...

Was has Du davon, dieses Problem zu behalten?

Was müßtest Du tun, um es loszuwerden?

Was hält Dich davon ab? (S. 118)

Was sagst Du, wie verhältst Du Dich, um anderen näher zu kommen?

Was sagst Du, wie verhältst Du Dich, um andere von Dir weg zu halten?

(S. 119)

Was sind die „Keile" die Du am häufigsten benutzt, um Intimität zu vermeiden? [Gemeint ist „wedges", eine equivalente Übersetzung ist schwierig! - Anm. des Übersetzers]

Wie benutzt Du diese "Keile"

Wann benutzt Du sie?

Wie könntest Du Dich sicher genug fühlen, um sie "gehen zu lassen"?

(S. 121)

Schreibe einen Dialog zwischen:

- dem Teil von Dir, der Nähe haben will
- dem Teil von Dir, der Distanz haben will (S. 122)

Schaue zurück auf S.66 (s.o.)

Entscheide: Was ist die wichtigste Sache in Deinem Leben?

Wie fühlst Du Dich damit? (S. 123)

Bertachte Dein Leben rückwirkend und mache eine Liste der Verpflichtungen, die Du eingegangen bist. (S. 125)

Welcher Teil von Dir

- macht Versprechungen?
- hält Versprechen?
- bricht Versprechen?

Was hast Du versprechen wollen, hast dann aber ständig festgestellt, dass Du unfähig bist das Versprechen einzuhalten?
Was müßtest Du tun, um das Versprechen einzuhalten? (S. 126)

Beziehung...
Was könntest Du jetzt im Augenblick versprechen?
Was würdest Du im Gegenzug erwarten?
Was müsstest Du aufgeben, um eine Beziehung zu haben?
Warum tust Du es nicht? (S. 127)

Beschreibe Dein spirituelles Leben. (S. 141)
- Schreibe und/oder male deine Antwort -

Was bedeutet Weisheit für Dich?
Welche ist die weiseste Sache, die Du jemals gehört hast? Wie hat diese Weisheit dein Leben verändert?
Womit könntest Du weise sein? (S. 142)

Male ein Bild von deiner Mitte.
Was sagt dein Bild dir, wie Du deine Mitte erfährst?
Welcher Teil von Dir hat deine Mitte gemalt? (S. 143)

Erinnere dich an eine Zeit, in der Du dich in deiner Mitte gefühlt hast. (S. 144)

Wenn Du in deiner Mitte bist,...
Was fokussierst Du?
Was wird unwichtig?
Wo ist deine Aufmerksamkeit?
Wo ist deine Aufmerksamkeit nicht mehr?
Was passiert mit deinem Körper, deinen Gefühlen, deinen Gedanken? (S. 145)

2. Was glaube ich, wie andere mich wahrnehmen?

Wenn Du Dich selbst betrachtest...

    Was hat man über mich gesagt...

    Was sage ich selbst über mich...

    Was weiß ich wirklich über mich...

    (Dieser Prozess kann mit vielen Themen weitergeführt werden.) (S. 11)

Denke an einen Charakter aus der Geschichte, Fiktion oder Phantasie. Schreibe eine Geschichte über diese Person in Aktion.

Nimm an, diese Geschichte wäre Teil deiner Geschichte und die Person ein Teil von Dir. Schreibe einen Dialog zwischen Dir und der Person. (S. 33)

Denke an Deine versteckten Geheimnisse...

Wem würdest Du davon erzählen?

Wem vermeidest Du davon zu erzählen?

Was/Wen beschützt Du?

Was würden die Leute denken, wenn sie davon wüßten?

Kannst Du erkennen, wie Du über Dich denkst, und bist Du offen für die Möglichkeit, daß andere nicht so denken und Deine Werte nicht teilen? (S. 32)

Was erwarten andere von Dir?

Sie erwarten von mir, daß ich... (S. 45)

Stell Dir vor Du würdest einfach weggehen.

Was würdest Du tun. Wie sollen die anderen reagieren?

Stell Dir vor jemand anders würde einfach weggehen.

Was würdest Du tun? Wie sollen die anderen reagieren? (S. 48)

Was war das schönste, was jemals über Dich gesagt wurde?

Was war das schlimmste, was jemals über Dich gesagt wurde?

Was war das schönste, das Du jemals über Dich gesagt hast?

Was war das schlimmste, was Du jemals über Dich gesagt hast? (S. 100)

Wenn Deine Mutter eine „in die Tiefe" gehende Beschreibung von Dir machen würde, was würde sie schreiben? (S. 106)

Wenn Dein Vater eine „in die Tiefe" gehende Beschreibung von Dir machen würde, was würde er schreiben? (S. 107)

Die wichtigste Sache, die mir mein Vater jemals gesagt hat war...
Die wichtigste Sache, die mir meine Mutter jemals gesagt hat war...
(S. 109)

Wie hat Deine Mutter Distanz zwischen Ihr und Dir aufrecht erhalten?
Wie hat Dein Vater Distanz zwischen Ihm und Dir aufrecht erhalten?
Wie hältst Du Distanz zwischen Dir und anderen? (S. 110)

3. Was sind meine Wünsche, Träume, Ziele und Visionen?

Wo möchtest Du sein in 5 Jahren?
    10 Jahren?
    15 Jahren?
    20 Jahren? (S. 9)

Welche Dinge tust Du im Augenblick, um dorthin zu kommen?
Welche Dinge tust Du, die Dich davon abhalten? (S. 10)

Was würde Dein Leben perfekt machen?
(Für was entscheidest Du Dich statt dessen?) (S. 12)

Schreibe ein Horoskop für Dich für das nächste Jahr. (S. 13)

Denke an was Du möchtest.
Schreibe oder male es hier auf.
Was tust Du, um es zu bekommen, zu erreichen?
Was steht Dir im Weg? (S. 16)

Wie bist Du, wenn Du bekommst was Du willst?
Wie bist Du wenn Du nicht bekommst was Du willst? (S. 17)

Wie verhinderst Du, dass Du bekommst/erreichst was Du willst?
– Nimm Dir Zeit für die Antwort – (S. 18)

Was hast Du bekommen oder erreicht, mit dem Du nicht zufrieden warst, so dass Du jetzt willst was Du willst. (S. 19)

Liste auf, was Dir am wichtigsten ist. (1./2./3...10.) (S. 22)

(Ein Geschenk:) Du kannst Dir etwas wünschen...
Was ist es?
Wie hast Du ausgewählt?

Was hast Du berücksichtigt und nicht ausgewählt?

Wie wirst Du Dich fühlen, wenn Du es hast? Wie wird es Dich verändern?

Beschreibe die Eigenschaften Deines Geschenks.

Fehlen Dir diese Qualitäten in deinem Leben? (S. 29)

Wenn Geld kein Problem wäre...

Wohin würdest Du gehen?

Mit wem würdest Du gehen?

Was würdest Du tun? (S. 31)

Was brauchst Du, um glücklich zu sein?

– nimm Dir Zeit für die Antwort, gib Details, wähle aus, werde ausführlich, male Bilder, benenne die Dinge und Personen. – (S. 39)

Was brauchst Du wirklich um glücklich zu sein? (S. 40)

Liste die größten Momente Deines Lebens auf.

Wer (welcher Teil von Dir) war dort? (S. 41)

Tue diese Übung mit allem Mut, den Du aufbringen kannst. Sei so stark wie Du kannst: „Jetzt gebe ich mir die Erlaubnis..." (S. 42)

Beantworte diese Fragen schnell, ohne zu „denken":

Ich bin am glücklichsten, wenn...

Eines Tages werde ich...

Wenn ich ganz traurig bin möchte ich am liebsten...

Ich fühle mich unsicher, wenn...

Ich habe Angst, daß...

Ich mag Menschen, die...

Alles was ich brauche um glücklich zu sein ist...

Was ich wirklich gerne tun würde ist...

Ich wünschte, daß...

Ich mag keine Menschen, die...

Ein Mensch sollte wirklich...

Ich mag überhaupt nicht, daß...

Ich habe alles was ich brauche, wie...

Wenn ich tun könnte, was immer ich möchte, ich würde...

(S. 57)

Stell Dir dein ideales "Ich" vor...

Wie sieht er/sie aus?

Was sind seine/ihre Eigenschaften?

Was unterscheidet ihn/sie von Dir?

Was müßtest Du aufgeben, um so zu werden? (S. 95)

Welche ist die beste Sache, die Dir passieren könnte?

Welche ist die schlimmste Sache, die Dir passieren könnte? (S. 96)

Ich würde glücklich sein, wenn nur...

Ich würde nicht leiden, wenn nur...

Mein Leben würde perfekt sein, wenn nur...

Ich würde mich nicht ärgern, wenn nur...

Mein Leben würde besser gewesen sein, wenn nur...

Ich würde haben, was ich möchte, wenn nur...

Ich würde ein besserer Mensch sein, wenn nur... (S. 97)

Wie sollte Dein Leben aussehen?

Um es so zu haben,

- was müsstest Du aufgeben?
- was müsstest Du akzeptieren?
- was bist Du bereit zu tun? (S. 130)

Schreibe einen Dialog zwischen:

- dem Teil von Dir, der sich ändern möchte
- dem Teil von Dir, der sich nicht ändern möchte (S. 131)

Stell Dir vor, Du würdest eine lange Zeit weggehen...

Was würdest Du gerne bei Dir haben?

(Gibt es irgend etwas, was Du vergessen hast? Bist Du überrascht über die Anordnung?) (S. 132)

Ohne was könntest Du nicht leben?

- Schreibe und/oder male deine Antwort (S. 133)

7.4 Adressen

- Die meisten der in 7.1 und 7.2 vorgeschlagenen Kunstwerke können als Dias bestellt werden über:

Dr. F. Stoedtner
Institut für wissenschaftliche Projektion
Postfach 2454
40647 Meerbusch
Tel. 02159 – 52 82 88

- Die E.C.A. hat folgende Anschrift:

E.C.A. (Europäische Coaching Assossiation)
Steinstr. 23
40210 Düsseldorf
Tel.0211 – 32 31 06
Fax 0211 – 32 87 32

E-mail: info@pro-genius.de
Internet: www.eca-online.de
Ansprechpartner: Herr Bernhard Juchniewicz, GF-ECA-Vorstand

- Der Autor hat folgende Anschrift:

Stefan Hermanns
KreativCoaching-Hildesheim
Saarstr. 162
31141 Hildesheim

E-mail: KreativCoach@aol.com
Internet: www.KreativCoaching.de